探究する学びをステップアップ！

情報活用型
プロジェクト学習
ガイドブック2.0

Project Based Learning

稲垣 忠 編著

明治図書

まえがき

　旅に出ようと思う，夕食の献立を考える，私たちは日々の生活で「どうしようかな？」とふと立ち止まることがあります。その度に，頭の中にあるものを引っ張り出し，スマホで調べたり，友だちに相談したりして考える材料（＝情報）を集めます。集めた情報は，冷静に比較検討することもあれば，直観でこれだ！と選ぶこともあります。その結果，素敵な旅や美味しい食事を楽しめることもあれば，がっかりすることもあります。そして，余程の手痛い思いをしない限り，また出かけたいと思いますし，外食続きには罪悪感を覚えることもあります。

　引っ越し，自分の将来のこと，人生で大きな決断をする際には，このプロセスをより慎重に，そして大きな勇気を持って行うことがあるでしょう。共通するのは，どれもが紛れもなく自分事であることです。唯一の正解はなくとも，自分の頭で考え，判断し，その結果を引き受けるのも自分自身です。そしてその行動は，旅をする仲間，旅先での出会い，食材の買い出し，食卓を囲む相手など，自分事であっても，常に周囲の人や環境に何らかの影響を及ぼします。

　OECD ラーニング・コンパス2030が提示した「生徒エージェンシー」は，生徒が学びを自分事として引き受け，周囲に働きかけ，より良い人生や世界をつくるための力です。これからの時代を子どもたちが生きていく上で大切な考え方だと思います。その一方で，子どもたちは日々，自分の人生を生きているはずなのに，授業になると急にお客さんと化してしまうのはなぜでしょうか。先生が OK を出すかどうかが基準になるのはなぜでしょうか。誰に伝えるわけでもない発表をこなしさえすれば，すべて終わったような顔をするのはなぜでしょうか。

　前著『探究する学びをデザインする！情報活用型プロジェクト学習ガイドブック』では，探究学習の中でも，児童生徒が実現したい願い（＝ミッション）を明確に持って課題解決に取り組むプロジェクト型学習の授業デザイン技法を提案しました。その際，次のようなツールを開発し，これらを用いた先生方向けの単元づくり研修・ワークショップを各地の学校現場，教育センター，セミナー等で展開してきました。

・児童生徒が探究する際に行う活動をカードにした「学習活動カード」

・単元全体の設計要素をまとめた「単元デザインシート」

・探究を遂行する際の学習スキルである「情報活用能力」の目標リスト

・探究の質を見極め，教科の目標達成と探究をつなぐ「思考×表現ルーブリック」

・主体的・対話的で深い学びにつながる手立てや ICT 活用を集めた「指導方略」集

　先生方との対話を重ねていった結果，教師主導の「やらされ探究」や，児童生徒が楽しく活動していても学びとして深まらない「おまつり探究」を避けるために，次の３つのステップを順に取り組む流れが見えてきたため，それを NAD モデルと名付けました。

> ・Narrate（物語る）：PBL のミッション・成果物を定め，学習活動カードで子どもの探究ストーリーを構想する
> ・Analyze（分析する）：育成・発揮する情報活用能力を見極め，思考×表現ルーブリックで学びの質を掘り下げる
> ・Design（設計する）：探究を支える指導方略や子どもの探究を支える ICT 活用を位置づけ，授業プランを明確にする

　各ツールのダウンロード，ステップそれぞれの検討事項や留意点は筆者のウェブサイトにまとめてあります（Chapter 1解説編 p.22を参照）。加えて，前著では小中高校15の各教科での情報活用型 PBL の実践事例を収録しました。なお，「情報活用型 PBL」は，大学の卒業研究のように個人で長期にわたる探究をデザインするものではなく，教科の単元を PBL に発展させて，総合的な学習（探究）の時間の学びとの橋渡しをする方法です。

　子どもたちはいくつもの「プチ PBL」をさまざまな教科・単元で繰り返し経験することを通して，探究の型を学び，スキルを身につけ，多様な教科の見方・考え方で追究する面白さを体験します。先生方は，探究する子どもたちの姿に慣れ，指導のポイントをつかみ，学びの質を見極め，高める・深めるための手立てを工夫できるようになっていきます。

　2020年に前著を上梓したあと，コロナ禍や GIGA スクール構想による１人１台端末環境の実現など，学習環境は大きく変化しました。2022年に高等学校の学習指導要領が全面実施となり，探究への注目はますます高まっています。本書は，続編として大きく変化した学習環境のもとで情報活用型 PBL をどのようにステップアップできるか先生方と試行錯誤した成果です。

　解説編では，探究の質を高めるための視点として，６つのステップアップポイントの概要，実践事例との関係，さらに深めるための関連図書の紹介を試みました。実践編では，小中高あわせて16の実践を収録しています。前著から各事例のページ数を増量し，子どもたちが探究する姿の実際や，先生方の意図や実感がよりリアルに伝わるよう，工夫してみました。

　NAD モデルでは，子どもの視点に立って探究を「物語る」ことからはじめることを強調しています。どこかの誰かがつくったストーリーをなぞるだけでは，子どもたち以前に先生方自身が「やらされ探究」の最初の被害者になってしまいます。壮大なプロジェクトである必要はありません。まずは先生方自身が探究のデザイナーになり，自ら描いた物語にワクワクし，自分事としてとらえ，質の高い実践づくりに挑戦される際，本書がその一助になれば幸いです。

　2022年８月

稲垣　忠

※本書は JSPS 科研費 19K03009の助成による成果を含みます。

Contents

Chapter 1

解説編
探究学習の質を高める
情報活用型 PBL

Chapter **2**

3　高等学校の情報活用型 PBL プラン　・112・

Chapter 1

解説編

探究学習の質を
高める
情報活用型 PBL

1 探究の質を読み解く

「調べ学習どまりで探究とまでは言えないのですが…」「もっと主体的に探究してほしいと思うのですが…」「表面的な探究になっている気がします」といった相談を受けることがあります。先生方がイメージする探究する児童生徒の姿と実際の姿との間にギャップがあるようです。

学習指導要領では探究の過程を「課題の設定」「情報の収集」「整理・分析」「まとめ・表現」の４段階で示しています。児童生徒が実現したい願い（ミッション）の実現に向けて探究するのがプロジェクト型学習（PBL）です。さまざまな教科の単元でPBLを実践しやすくするため，情報の「収集」「編集」「発信」の流れを単元構成の軸にした「情報活用型PBL」のデザイン方法を前著で提案しました。本書では，情報活用型PBLをより本格的な探究へとステップアップするための６つの視点とその具体例を紹介していきます。

冒頭の相談にお答えしながら，６つの視点をご紹介するところからはじめましょう。

1 「本気の調べ学習」になっているかどうか

調べ学習は探究に比べると一段，低いもののように言われることがあります。本当にそうでしょうか。「〇〇について調べてみよう」と指示し，ネット等で少し検索して，見つけたものを並べるだけであれば，それは調べる作業をしただけで，学習とは言えません。児童生徒は，なぜそれを調べるのでしょうか（動機づけ）。検索した結果はどれが有用で，どれは誤った情報なのでしょうか（判断）。集めた情報から取捨選択したり，比較したり，分類したりすることでどんな結論が得られたのでしょうか（整理・分析）。調べ作業を学習にするにはこうした働きかけや，知的な活動を組み込む必要があります。

調べ作業を探究的な調べ学習にするには，ミッションから課題を設定する部分と，その解決に向けて多様な情報と出会う学習環境のデザインがポイントです。児童生徒がミッションの実現に向けて解決すべき過程をイメージしてみましょう。教科の一単元が出発点であっても，ミッションが実社会とつながるPBLらしいものの場合，課題解決に必要な知識や技能，表現の方法などを確認していくと，他の教科，単元の学びとつながってくることはよくあります。また，課題解決に取り組む際，調べる際の手段はネットだけでなく，図書資料やインタビュー，質問紙（アンケート）調査など，さまざまな手法を実施できる学習環境をアナログ，デジタル問わず整えます。「POINT１　教科を横断して学びを支援する」「POINT２　探究を支える学習環境をデザインする」で取り上げます。

2 主体的に探究するために

もっと調べてみたい，もっと工夫してみたい，もう一度考え直してみようなど，自分（たち）で追究をより良いものにしていこうとする姿勢が主体性です。学びの質を高めようとする

意志と言い換えてもよいでしょう。PBLでは，ミッションを実現したいという願いを児童生徒が持つことがスタートです。さらに，単元計画や発表会の期日など，およその見通しを教員と児童生徒の間で共有し，見通しを持って取り組んだり，途中で計画を点検したり，慣れてきたら学習計画自体をデザインさせたりする場合もあります。「POINT 3　探究の主体になる」に教員の指導を中心とした場面と児童生徒の学びを中心とした場面の組合せを示しました。

　児童生徒がそれぞれに主体的に取り組むようになると，当然のことながらその進み具合には差が生じます。ミッションは共有していても，解決すべき課題や，解決方法には，一人ひとりあるいはグループごとの個性が表れてくるでしょう。2021年の中央教育審議会答申「『令和の日本型学校教育』の構築を目指して」では，「個別最適な学び」と「協働的な学び」の一体的な充実を目指すとされています。その際，授業の改善とセットで授業外の学習改善に取り組むとあります。対話や協働を中心とした学びの場が授業であるなら，個別に追究を進め，自分の考えをまとめたり，探究の過程でわからなかったことを学び直したりするには，授業外の学びを有効活用することもできます。「POINT 4　個別最適な学びで主体性を発揮する」では，授業内外の学びをつなぎ，児童生徒の主体的な探究とクラスの学びの深まりの両立を図るアイデアを示しました。

3　探究の深さを見通すこと

　児童生徒が対話している様子やプレゼンテーションなどの作品を見て，「もう一歩，何か，こう…」ともどかしく思うことはありますか？反対に，想像もしていなかった話題で議論が白熱したり，素晴らしいアイデアに驚かされたりすることもあるかと思います。プロジェクトがはじまる前の段階まで時間をさかのぼってみましょう。児童生徒がどんな議論をすることを教員は期待していたでしょうか。何を材料に話し合い，どんな意見が出て，どんなところで盛り上がりそうでしょうか。協働学習を取り入れる際，役割分担や議論の順序，視覚的なまとめ方など，議論を活性化する方法はさまざまに提案されてきました。「POINT 5　協働による学びの深まり」では，特にPBLの過程で使える手法を紹介します。

　児童生徒がまとめた探究の成果物については，何にこだわってほしいと考えていたでしょうか。探究学習では，単元をデザインする段階から児童生徒が到達する結論まで緻密に想定してしまうと，教員が描いたレールに乗せてしまいたくなってしまいます。一方，何も想定しない出たとこ勝負では，指導すべきところで指導できなかったり，「すごいね」のひと言の裏にある「どの辺りがどうすごいのか」を伝えられなくなってしまうかもしれません。「POINT 6　ルーブリックで学びの質を言語化する」では，学びの質的な差異を表すルーブリック評価や観点別評価への活かし方について触れます。

2 POINT1 教科を横断して学びを支援する

1 魅力あるミッションから課題をつくる

　情報活用型 PBL ではミッション，課題，学習目標の３つのちがいに留意します。ミッションは，児童生徒が実現したい「願い」です。「未来の町づくりを提案しよう」「自然環境に配慮して野菜を育ててみよう」のように，チャレンジしてみたい目標を児童生徒と教員とで共有します。ミッションを実現するために具体的に取り組むことが課題です。グループや個人でそれぞれに具体的に取り組むことを設定します。「どうしたら○○を実現できるだろうか？」「○○するためにもっとも大切なことは何だろうか？」「なぜ△△は□□□なのだろうか？」のように How・What・Why といった問いを立て，ミッション達成に向けた最初の一歩を考えます。学習目標は，プロジェクトの過程を通して達成します。

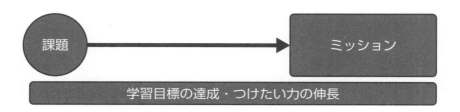

　プロジェクトが魅力的なものになるかどうかはミッションの設定にかかっています。身近な生活の中で解決したい課題が見つかることもあれば，ワクワクするような新しいテクノロジーや，学校外の人とのつながりがきっかけになることもあるでしょう。ミッションを達成することが SDGs のように社会課題の解決につながる場合もあります。教科書の単元扉や発展課題をきっかけにしたり，ニュース映像や新聞記事から広げたりすることもできるでしょう。

2 教科を越境するプロジェクト

　子どもたちがさまざまな課題を設定できる・したくなるミッションは魅力的です。一方，課題が広がっていくと１つの教科の学習におさまらない場合があります。また，探究を深めるため，他教科の学び方を活用できることもあります。教科を横断する学びは，「数学科と社会科で何ができるかな？」と組合せから考えるより，面白いプロジェクトを考えていくと，教科を横断したくなってしまった，くらいが自然です。**事例14**は栽培した作物を販売するプロジェクトを通して，実にさまざまな教科の学びが活かされています。ここでは，教科横断のパターンを４つ示します。

①内容融合型
　防災についてのプロジェクトで，理科の地震や気象の学習と社会科の地域の安全に向けた取

組を関連させるなど，題材を中心としながら，どの教科
の学習が含まれるのか検討し，合同単元をつくる方法で
す。1つの題材を多面的にアプローチさせたい場合に向
いています。

②学び方活用型

　国語科で話し合い方を学び，総合的な学習の時間での探究に活かす（**事例6**），保健体育科で健康について探究する際に数学科の統計を活用するなど，ある教科の題材を深める際に他教科の学び方を活用したり，ある教科で探究の成果をまとめる際に他教科の表現方法を活用したりします。2つの教科の役割がはっきりしているため，関連づけやすい方法です。

③内容発展型

　ある教科で学んだ題材について発展させたプロジェクトを別教科で実施します。先行する教科で身につけた技能を探究型の単元で発揮させる場合もあります。期間が空いてしまう場合は，他教科での既習事項を想起させてから取り組みます。複数教科でタイミングをあわせる必要がないため，教科担任制の場合でも取り組みやすい方法です。

④連続発展型

　図画工作科で制作した作品を題材に国語科で物語をつくる（**事例1**）ように，同じ題材を複数教科で順に探究します。やや長期のプロジェクトになりますが，段階的に学びを深めていくことができます。また，中心となる教科を切り替えて進めるため，③と同様に教科担任制でも取り組みやすい方法です。

3　探究を支える資質・能力に着目する

　子どもたちが探究を進める際，情報の集め方，整理の仕方，発信する際のマナーなど，学習活動の質をより高いものにするために必要な知識・技能があります。学習指導要領では総則に「学習の基盤となる資質・能力」として，言語能力，情報活用能力，問題発見・解決能力を例示し，教科横断的に育成するとしています。情報活用型PBLは，教科を探究的に学ぶ過程において，発揮されるあるいは育成したい**情報活用能力**を洗い出し，単元を通して探究の学び方に関する技能を身につけられるようにしています（位置づけ方の詳細は前著参照）。

　さまざまな教科の見方・考え方で題材を深める，探究を遂行するスキルを育成・発揮する機会を設ける，2つの面から教科を横断してプロジェクトを構想・実践してみましょう。いざ，子どもたちが自分で探究する際の，支えになるはずです。

▶おすすめ図書　加藤幸次（2019）教科等横断的な教育課程編成の考え方・進め方—資質・能力（コンピテンシー）の育成を目指して，黎明書房

3 POINT2 探究を支える学習環境をデザインする

1 探究を誘発する学習環境

　子どもたちは探究の過程でさまざまな活動に取り組みます。1人で調べたり，グループで相談したり，ホールで発表する機会もあるでしょう。普段の教室の広さ，机・椅子の配置は適切でしょうか。資料や端末を広げるには机が狭かったり，グループで話し合う際に隣のグループの声が気になったりしていないでしょうか。表1はISTE（米国教育工学協会）が作成したアクティブラーニングのための学習空間を分類したものです。個人か集団か，閉鎖的か開放的かでさまざまな環境が考えられることがわかります。

　学校図書館は探究を支える中心的な役割を担います。多数の蔵書，データベースの利用，資料を広げ，1人で作業するスペースなど，情報と空間の両方が充実しています。司書の方と協力して，公共図書館から関連する図書を取り寄せておくこと（**事例12**）や，テーマに関連する図書のカタログ（パスファインダー）を用意するなど，豊かな情報に出会える環境を整えます。

　近年，大学を中心に図書館と隣接してグループ作業や議論ができるオープンな空間（ラーニングコモンズ）が普及しています。他にも学習成果を掲示・展示しておくギャラリーや，3Dプリンターやレーザーカッターなどを配置し，さまざまなものづくりに取り組める**メーカースペース**を整備した学校もあります。理科室，技術室，家庭科室，音楽室，美術室，放送室，多目的ホールなど，学校には多様な学習環境が備わっています。「○○科の授業のための部屋」から「この活動にはこの部屋も使えそう」と視点を変え，学習環境をフル活用してみましょう。

【表1　ISTE「Get Active　Reimagining Learning Spaces for Student Success」より】

空間	説明	例	学習活動
個人・閉鎖的	視覚的・聴覚的なノイズのないプライベート空間	図書館の閲覧席，プライベートな部屋，教室内の区切られた場所，屋外の椅子	読む，書く，ふりかえる，調べる
個人・開放的	好みに応じて他者とのつながりもある個人の学習空間	教室の机，カフェの座席，図書館，公園のような席	調べる，読む，書く，協働プロジェクトの個人作業
集団・閉鎖的	ある程度のグループサイズと学習形態に適した空間	大テーブル，図書館などのグループ席，椅子とホワイトボード，屋外のベンチ	小グループの討論，ブレインストーミング，協働作業，ペアでの共有，フィードバック，発表練習
集団・開放的	多数のグループで情報や成果を共有することを支援する空間	講堂，競技場，地域の集会所	教師や生徒の発表，ゲストスピーカー，大規模なディスカッションや意見共有，パフォーマンス

2 探究のデジタルトランスフォーメーション

　GIGA スクール構想により，ほとんどの小中学校で１人１台の環境が整いました。2022年度中には高等学校や特別支援学校も同様の環境になる地域が多いようです。加えて，１人１アカウント，つまり個別の ID とパスワードが配布され，さまざまなアプリが使えるようになりました。デジタル技術によって働き方や生活が大きく変わることを **DX（デジタルトランスフォーメーション）** と言います。PBL 及び探究学習の DX について考えてみましょう。

　情報の収集場面では，ウェブ検索や動画による情報収集はもちろんですが，アンケートのクラウドサービスを使えば手早くたくさんのデータを収集できます。カメラで静止画や動画を撮影する，インタビューを録音するなど，何でもできてしまう分，授業で取り組む方法は精選しておいたり，子どもたちが収集方法を選ぶ機会を設けたりします。

　編集場面では，デジタルの思考ツールや表計算によるデータの分析，文章やプレゼンテーション，動画，プログラム等に考えを表現する機会を設けやすくなります。とことん試行錯誤できるのがデジタルの利点です。クラウドに保存しておけば授業時間外にも続きに取り組んだり，グループで共同編集や相互添削したりすることもできます。**事例4** では，SNS を使ってゲストティーチャーからアドバイスを受けることで試行錯誤の質を高めることができました。

　発信場面では，教室外の人に伝えやすくなります。オンラインでゲストや他の学校とつなぐ，学校のホームページ等で発信する，SNS で発信するなど，伝え方の幅が一気に広がります。校内で各教室の大型提示装置に配信する，端末を持ち帰って保護者の方に伝えたりする場合もあります。完成品だけでなく，途中の様子を写真や動画で伝えることもデジタルなら簡単です。**事例9** では美術の作品と端末を家庭に持ち帰り，作品が引き出すシチュエーションを撮影する課題を設定したことで，表現の幅が広がりました。

　その他にも，探究の記録を残すポートフォリオをデジタル化するなど，さまざまな活用が期待できます。チャイムという時間の区切りや，教室・校舎といった空間の区切りを飛び越えて，多様な学習環境を提供できることが，探究における DX の最大の利点ではないでしょうか。

3 学習環境をデザインする主体を育てる

　教室環境にしても，クラウド上のさまざまなサービスにしても，いつ，何を，どのように活用するのかを決めるのは誰でしょうか。子どもたちが学習者として自立していくには，自分で学びやすい環境をつくり出すことや，より良い使い方を工夫しようとするなど，学習環境に対して主体性を発揮することが求められます。教員が整えた環境の意図や役割を説明する，子どもたちが選択する機会をつくる，ふりかえりの際に学んだ環境を意識させるなどの手立てがあります。より良い学習環境をつくること自体を１つのプロジェクトにするのも魅力的です。

▶おすすめ図書　岩瀬直樹編（2017）クラスがワクワク楽しくなる！子どもとつくる教室リフォーム，学陽書房

4 POINT3 探究の主体になる

1　プロジェクトの主役になるエージェンシー

　子どもが主体的に探究する姿をイメージしてみましょう。課題にのめり込んでいる，自ら疑問を持ったり，すすんでアイデアを出し合ったりする，自分たちで解決策を考える，授業が終わっても議論が続く，成果の発表にやり甲斐を感じているなど，自分事として探究する姿が思い浮かぶことでしょう。

　子どもたちが生涯にわたって幸福な人生をおくり，より良い社会の創り手になるため，OECD（経済協力開発機構）の「ラーニング・コンパス2030」では，**エージェンシー**という考え方が新たに位置づけられました。「生徒エージェンシー」を，「生徒が社会に参画し，人々，事象，および状況をより良い方向へ進めようとする上で責任を担うという感覚（OECD 2020）[1]」と表現しています。つまり，学習場面に表れる主体性をもう一歩推し進め，自分たちの学びの社会的な意義を理解し，学びへの責任感を子どもたちが引き受けている姿として定義されています。**事例3**でごみ減量のために学校・地域・保護者に働きかけようとする姿はエージェンシーを発揮している姿の好例です。

　PBLは，探究の目的（ミッション）を教員と子どもたちで共有する点が特徴です。何のためにプロジェクトに取り組むのか，その意義の共有からはじまります。**事例5**では，学校関係者評価のデータを子どもに伝えることで，身近な生活にある現実の課題を意識づけました。

　情報活用型PBLでは，収集−編集−発信の3段階に探究プロセスを単純化することで，さまざまな教科でPBLを組み込みやすくしています。この単純さは，教員と子どもたちの間で学びの責任をどう分担するのか，つまり，学習過程にどんな選択肢があり，どこをどう引き受けるのかを考えるヒントにもなります。ここでは，PBLをデザインする上での選択肢と責任について検討します。

2　プロジェクトにおける学びの選択肢

　プロジェクト学習では，全体のミッションや大まかな流れはクラスで共有するため，個別に探究する場合と比べると子どもたちの自由度は低くなります。特に教科でプロジェクトに取り組む場合，教科の目標に到達できなくならないように配慮しつつ，選択の機会を工夫します。どんな選択肢があるのか表に整理してみました。

1　OECD（2020）2030年に向けた生徒エージェンシー，https://www.oecd.org/education/2030-project/teaching-and-learning/learning/student-agency/OECD_STUDENT_AGENCY_FOR_2030_Concept_note_Japanese.pdf

【表2】

ミッション	教員が提示 —————相談して具体化する————— 自分たちで見つける
学習計画	教員が進行・共有———相談してつくる————— 自分たちで立てる
学習活動	教員が準備————選択肢から選ぶ————— 自分たちで選ぶ

ミッションは，PBLで子どもたちが実現したいと願う目標です。面白そうなミッションを教員が提示する場合もあれば，子どもたちに問題意識を持たせてどう解決するか，誰に伝えるのがよいか，あるいは何らかの成果を報告する行事等を設定し，何を提案したいかなどを相談しながらミッションを具体化する場合もあります。生活経験の中から子どもたちがチャレンジしたいミッションを見つける際，教室や校内の掲示，ギャラリー，動植物の飼育・栽培体験など，日常の学習環境が探究のきっかけになることもあります。

学習計画は，教科の場合，単元計画として教員が用意することが一般的ですが，少なくとも子どもたちと計画を共有することで，学びの見通しを意識させます。一方，子どもたちが自分で学習計画をつくる場合や，グループで学習計画を立てることもできますが，進度のばらつきをどの程度許容できるか検討します。中間解として，ゴールや時間枠を提示し，教員と子どもたちで相談しながらクラス共通の学習計画をつくる場合があります。

学習活動は，場面ごとの選択権についてです。情報の収集場面で言えば，図書，ウェブ，インタビューなど，どんな方法を用いるか子どもたちで考える場合，教員が選択肢を与える場合，教員があらかじめ準備した方法・資料を用いる場合があります。単元デザインシートに記載している学習活動カードは，児童生徒の探究活動を教員がシミュレーションするために開発しましたが，**事例15**のように生徒が自分たちの学習活動をデザインする際に使うこともできます。

3 責任の移行モデル

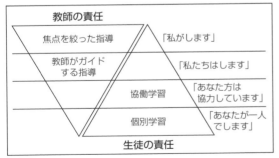

授業における教師と子どもの間の責任の所在を整理したモデルにフィーシャー＆フレイによる「**責任の移行モデル**」があります。単元の中で図の4つの段階を行き来することが重要とされています。先述の通りPBLには，多くの選択の機会があります。教科単元の特質，児童生徒が自律的に学べる程度，学習環境上の制約等によって，教師の責任になるか子どもの責任とするのか調節します。ミッションは教師が提示するが，学習計画は自分たちで立てる場合や，情報の収集場面は教師が準備し，編集場面は選択肢を提示するといった学習過程の中で責任の程度を調整する場合もあります。

▶おすすめ図書　ダグラス・フィッシャー＆ナンシー・フレイ（2017）「学びの責任」は誰にあるのか：「責任の移行モデル」で授業が変わる，新評論

5 POINT4 個別最適な学びで主体性を発揮する

1 個別最適な学びの２つの側面と PBL

　子どもは一人ひとり，興味関心の持ち方，得意な学び方，生活経験，既習事項の習熟の程度など，さまざまなちがいがあります。中央教育審議会答申「『令和の日本型学校教育』の構築を目指して」で打ち出された「個別最適な学び」には，２つの側面があるとされています。

　指導の個別化：子供一人一人の特性や学習進度，学習到達度等に応じ，指導方法・教材や学習時間等の柔軟な提供・設定を行うこと。海外でも Differentiated Instruction としてさまざまな手法や支援教材，サービスが提供されています。

　学習の個性化：子供の興味・関心・キャリア形成の方向性等に応じ，学習活動や学習課題に取り組む機会を提供すること。こちらは Personalized Learning と呼ばれています。

　探究学習は特に「学習の個性化」の観点から，個別の興味関心に基づいた課題設定，題材や追究方法の選択が考えられます。PBL ではどうでしょうか。共通のミッションに取り組む以上，個性化には限界があります。一方で教科の単元目標に対して到達状況を把握し，必要な指導や支援を個別に行う余地があります。この２つの側面を PBL に取り入れることが，子どもたちの学びへのエンゲージメントを高め，深い学習内容の理解に到達する助けになります。

2 探究する際の「個性」に着目する

　まずは学習の個性化の面です。共通のミッションに対し，成果物を個人で制作するか，グループで制作するかで異なります。個人で制作する場合，一人ひとりが選ぶ題材や集める情報が個性化の範疇です。**事例２**では，おすすめの本を紹介することが共通のミッションですが，どの本を選ぶのかは，子どもたちのこだわりが詰まっています。どんな点に留意し，どのように紹介するのかは教科の指導事項として共通ですが，出来上がる作品は実に個性的です。この場合，子どものこだわりを十分受け止められる学習環境を準備することが重要です。その上で，なぜその題材を選んだのか，他の人に伝えてみてどんなフィードバックがあり，どんな気づきがあったのかを振り返ることで，自分のこだわりを自覚化したり，友だちの作品やふりかえりに触れることから，新たな興味が広がることもあるでしょう。

　グループで取り組む場合，個別の興味関心や得意な部分を活かす場面とグループのメンバー内で協力したり，折り合いをつけたりする場面が生じます。たとえば課題設定の場面では，ミッションに対して取り組みたいことや解決の方向性についてアイデアを出し合います。みんなでアイデアを出し合うことで，アイデアを組み合わせたテーマや，新たなテーマが生まれることもあるでしょう。一方で，全員のアイデアが活かされるとは限りません。多数決や雰囲気で決めてしまうことのないよう，ミッションの達成につながるかどうか点検させます。どんな情

報を集める必要があるか，成果物を発信する相手はどんな相手なのかなど，見通しをもとに相談し，判断します。**事例10**では情報収集まではグループで取り組ませていますが，情報をじっくり分析し，まとめる場面は個人の活動としています。その上で，発表はグループ間で移動しながら伝え合うなど，個の場面とグループの場面を行き来するデザインにより，個で考えを深めることと，友だちとの協力や交流の機会を両立させています。

　グループの中での役割を意識させることも，個性を活かす工夫です。アイデアをたくさん出す，詳しく調べる，さまざまな角度から分析する，情報から洞察を得る，論理を組み立てる，デザインを工夫する，人前で伝える，相手の質問に答えるなど，PBL の過程にはさまざまな学習活動が含まれ，子どもによって得意な部分はちがいます。スタンバーグの認知スタイルのように考え方のクセや好みや，グループをリードする，意見を調整する，困っている子をフォローする，みんなを励ますなど，グループの中でのふるまいにも個性は表れます。したがって，グループで PBL に取り組む際，すべての場面で全員に等しく活躍してもらおうと働きかけるのではなく，どの子どもがどの場面で活躍する／したがるのか見取ることが大切です。ふりかえりの場面で，自分がどこに貢献したかを意識させ，学習計画を立てる際，お互いの得意な点を意識して分担を考える機会を持つことで，グループの活動を個に最適化できます。

　PBL の中で表れる多様な個性を踏まえると，1 つの大プロジェクトですべての子どもが100％高い関心を持って，全力で取り組むことを想定するのは難しいことがわかります。むしろ，多様な教科で何度も PBL に取り組む中で，本気になれた／自分の力を発揮できたプロジェクトに出会う機会を見つけることが，個性の伸長につながります。

3　探究する際の「個人差」に着目する

　指導の個別化についてはどうでしょうか。進度と習得状況の面から検討してみましょう。子どもたちが探究する際，同じペースで進むことは起こりえません。あるテーマでの情報収集にかかる時間は，子どもの能力だけでなく，アクセスできる情報の質や量次第ですし，すべてを予測して対応することは不可能です。**事例8**の学習計画シートのように，単元を通して段階的に書き込めるワークシートを用意しておくと，生徒自身がポートフォリオのように学びを俯瞰できるだけでなく，教員もどの子がどの段階なのか進捗を把握しやすくなります。クラウドサービスで進捗を共有すると，授業時間外の個別の活動を支援することもできます。授業外も含めて柔軟に一人ひとりに必要な時間を確保しつつ，グループあるいはグループ間で進捗状況を確認する機会を設けます。

　探究する上で前提となる知識や，調べ方，まとめ方といった技能の個人差については，どんな知識や技能が有用かをガイダンス資料に含めたり，学び方に関するテキストや動画教材などを用意したりして，子どもが必要性を感じた時に手を伸ばすことができる学習環境を整えます。

▸▸おすすめ図書　奈須正裕（2021）個別最適な学びと協働的な学び，東洋館出版社

6 POINT5 協働による学びの深まり

1 目的を共有した協働の場をつくる

　クラスの中，グループのメンバーと，あるいは学校外のさまざまな人とのコミュニケーションを通して探究をより深いものにする手立てを取り上げます。ここでの「深さ」は，次節で触れる知識の構造的な理解や技能の適切な活用の他，多面的な理解や受け手を意識した表現の工夫を含みます。ジョンソン＆ジョンソンは，学習者の協働（cooperation）をグループで集まっただけの活動と区別し，5つの原則を提案しています。

- **促進的相互依存関係**：メンバー間の働きがお互いのためになること
- **対面的な相互作用**：4〜6人の異質な構成メンバーで対話すること
- **個人の責任**：他人任せにならないよう自分の役割を持つこと
- **対人技能や小集団の運営技能**：他者とのやりとり，意見調整などの技能を身につけること
- **集団の改善手続き**：メンバーで協力の仕方を振り返り，改善すること

　探究学習では，課題解決に向けた過程で協働の機会を持ちます。PBL はミッションを教員と子どもたちで共有しているため，協働する場面もミッションの達成という大きな目的の下で実施されます。「何のために話し合っているのかわからない」状況にならないことが単元を通して PBL に取り組むメリットの1つです。情報活用型 PBL の収集・編集・発信のそれぞれの場合にどんな協働を設定できるのか，上記の原則を参照しながら確認していきましょう。

　なお，単元デザインシートでは「対話」のカードがありますが，成果物を発信する相手とのやりとりの意味で限定的に用いています。収集，編集それぞれの場面でも，グループで話し合ったり，共同作業に取り組んだりする場面は随所にあります。しかし，協働すること自体を目的とせず，教員あるいは子どもたちが必要と感じた際の手立てとして取り入れるため，カードには含めていません。単元デザインシートの「指導方略」の欄に協働の仕掛けを記載します。

2 収集場面における協働

　情報の収集場面では，2つの役割分担が考えられます。（a）1つの題材について異なる視点・異なる資料から情報を集め，持ち寄る，（b）図書とウェブ，インタビューなど情報の収集方法を分担する，の2種類です。いずれも，課題解決のためにどんな情報が必要となるのか意見を出し合うところからはじまります。（a）では，単元の内容を理解する上で基本となった視点をそのまま活用してもよいでしょう。異なる資料を集める場合，何となくウェブでキーワード検索するだけでは似たような情報になってしまいます。情報の発信元のちがい，時期のちがい，メリットとデメリット，肯定的な意見とネガティブな意見など，どのようなちがいに基づいて分担するか相談してから収集し，持ち寄るとよいでしょう。

（b）の収集方法を分担する場合，子どもたちが基礎的な技法を十分身につけていることが条件となります。その上で，学校図書館，クラウドサービス，学外のゲストなど，物的・人的環境を整えることになるので，長期のプロジェクトに限られます。また，集めた情報の形式が異なるため，協働する場面では集めた情報についてだけでなく，集めた方法の特徴についても報告し合うことで，学び方を意識することができます。

3 編集場面における協働

　集めた情報を編集する場面は，情報の整理・分析と制作物に表現する活動があります。集めた情報の比較・分類・関連づけ・取捨選択など，情報の扱い方に着目し，付せん紙，シンキングツールなどを用いて整理します。数量データの場合，表計算ソフトなどで統計的に処理する場合もあります。ミニホワイトボードのようにみんなで囲んで話しやすいツールや，授業支援ツール等で画面上でお互いの情報を共有しながら議論します。どのツールが自分たちの活動に向いているか選ぶ機会をつくることもできます。話し合う際には，伝えたいことを選ぶためなのか，新しいアイデアをつくるためなのか，ミッションに照らして目的を確認します。

　表現する活動は，どのようなメディアを用いるかで役割分担が大きく変わります。新聞やプレゼンテーションにまとめるのであれば記事やスライドごとに分担します。動画のように複合的なメディアなら映像，音声，構成，ナレーションなど要素で分担します。**事例11**では，キットの製作，プログラミングなど複数の要素が含まれたため，メンバーの得意が活かせるように分担しました。クラウドで同時編集・共有することで，お互いの進捗を確認し合いながら効率よく協働を進めることができます。

　なお，個人で編集する場合，協働作業にはなりませんが，途中経過を見せ合ってアドバイスを送り合う機会をつくります。お互いが発信する情報を受け取る立場になりかわってアドバイスすることで，自身の学習を改善するヒントを得ることもできます。

4 発信場面における協働

　発信場面では，情報の受け手との対話が中心ですが，劇やイベントの実施のようにメンバーで協力しながら発信する場合もあります。学びを深める点では，受け手からのフィードバックは重要です。ほめてもらってオシマイ，では学びの深まりにも，子どもたちの本当の満足感にもつながりません。どんな観点からのコメントを期待するのか伝えておく，**事例13**のように何が伝わったのかをことばで返してもらうことや，受け手（留学生）自身の取組も紹介してもらう，質疑応答の機会を設けるなど，実のあるフィードバックを受け取れるよう配慮します。

▶おすすめ図書　杉江修治（2011）協同学習入門―基本の理解と51の工夫，ナカニシヤ出版

7 POINT6 ルーブリックで学びの質を言語化する

1 学びの「深さ」をことばで表す

　情報活用型 PBL の研修を実施すると，必ず聞かれる質問が「ルーブリックをどのように作成したらよいか」です。ルーブリックとは，評価対象に対し，いくつかの観点と何段階かの基準（段階）となる記述を設定し，表形式に表したものです。情報活用型 PBL では学習のゴール，つまり児童生徒の成果物を対象に，「**思考**」（内容）と「**表現**」（見た目）の２つの観点に対し，SABC の４段階のルーブリックを作成します。詳細は前著をご覧ください。

　単元目標のうち「思考力，判断力，表現力等」の目標を「思考」「表現」のいずれかに関連づけることで，教科のねらいとプロジェクトを通して児童生徒が身につける力を一致させます。問題になるのは基準をどのように記述するかです。思考，表現それぞれについて考えます。

　思考の深さをことばにするには，Ａ基準で知識のつながりに着目します。教科の見方・考え方を活かし，「○○と○○を関連づけて」「○○の視点で」など，成果物に含まれる内容として，その単元で期待する水準を具体的に記述します。Ｂ基準は知識が断片的である場合，Ｃ基準は知識に誤りや不足が含まれる場合とし，この単元で児童生徒が何を身につけ，どのような思考を期待するのかを明確にします。Ｓ基準は，Ａ基準で到達した理解をどう活用するかです。プロジェクトにはミッションがあります。Ａ基準の理解がミッションに対する提案（意見，主張，メッセージ，アイデアなど）になっていることを条件とします。評価する際には，理解が提案の根拠になっていればＳ，理解は適切でも提案の根拠になっていなければＡ，提案があっても理解が不適切な場合はＢやＣ評価となります。

　表現の深さでは，技能の活かし方に着目します。Ａ基準は伝えたいことに対し，技能を適切に活用できている状態です。Ｂ基準は技能を使っているけれど，伝えたいことに活かせていない状態，Ｃ基準は技能を活用していない状態です。Ｓ基準は，思考と同じくミッションとの関係で考えます。プロジェクトの成果物には，それを通して達成したい目的や，成果物を受け取る相手が想定されているはずです。目的や相手に対してふさわしい表現かどうか，効果的なプラスアルファの工夫があるかどうかなどで評価します。

　事例7では「思考」「表現」（作品と発表）「姿勢」の４つの観点からルーブリックをつくり，生徒と共有しました。必ず押さえたい学びを観点として示すことで，目標を生徒と教員で共有できます。なお，基準を書く際に「とてもよく」「十分に」など，程度を表すことばを使う場合があります。「２つ以上」「３つ以上」といった数を使う場合もあります。これらは学びの質を記述しているとは言えません。何ができていたら「とても」なのか，数が増えると学びの質がどう変わるのかことばにすることで，教材に対する理解を深めることになります。

　児童生徒の学びの成果は，教員の想定を超えたものや，想定とちがうけれど興味深い，とい

ったことがあるのも PBL の面白さです。A基準は教科のねらいを明確にする上で具体的に書きますが，S基準は想定外を受け止めるプラスアルファなので，緩やかな書き方でかまいません。また，ルーブリックを児童生徒と共有する際に，**事例16**のように規準を示した上でいっしょに基準を考えたり，プロジェクトの途中で基準を相談・調整したりすることも，児童生徒が主体性に学びの見通しを考える機会になります。

2 学びの過程を評価に活かす

探究学習では，どのような試行錯誤をし，考えが変化したり，深まったりしたのかといった学びの過程も重要な評価材料です。授業時間ごとや単元の区切りごとにふりかえりの機会を持ちます。「主体的に学習に取り組む態度」を見取るためにも，学んだこと，感想だけでなく，次の時間に何をしたいか，次の時間までに何をしておきたいかといった見通しをたずねたり，学校で育成する資質・能力と関連づけて学びを振り返らせたりします。

収集段階で適切な情報を集めたか，根拠をもとに自分（たち）の考えをつくることができたか，プレゼンテーション作成時の留意点など，学習過程にも評価のポイントがあります。できているか・いないかはっきり確認したいものはチェックリスト，質が問われる点はルーブリックを使います。自己評価や相互評価を取り入れて，評価の視点を意識させることも有効です。

3 観点別評価との関係

2022年度から高等学校でも観点別評価が導入されます。情報活用型 PBL と観点別評価の関係も整理しておきましょう。知識・技能について網羅的に評価したい場合，一般的な単元テストを組み合わせますが，「**知識・技能**」をどのように活用できたかどうかを探究の過程や成果物から見取ることができます。「**思考力，判断力，表現力等**」についても同様ですが，グループの成果物の場合，個別の評価を割り出すことはできません。「発信」の最後に行うふりかえりの場面でプロジェクトを通して考えたこと，学んだこと，工夫したこと等を個人でまとめさせ，評価材料とします。自分たちの作品とそれに対するフィードバックだけでなく，他のグループの作品から学んだことを統合して答える問いを設定することで，単元全体に対する理解につながったかどうかを確かめることができます。ルーブリックで自己評価させ，選んだ基準の理由を書いてもらってもよいでしょう。「**主体的に学習に取り組む態度**」は前述の通り，ふりかえりの記述を通して，粘り強さや自らの学習を調整しようとする側面を見取ります。

▶おすすめ図書　ヤング，S. F. ＆ウィルソン，R. J.（2013）「主体的学び」につなげる評価と学習方法—カナダで実践される ICE モデル，東信堂

Chapter 2でご紹介する単元デザインシートには，情報活用能力の項目や指導方略の番号を記載しています。単元デザインシートの作成方法及び，各表の詳細は，以下の URL またはQR コードからアクセスしてください。

http://ina-lab.net/special/joker/pbl/

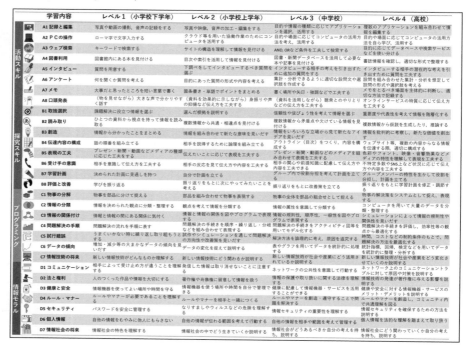

	収集	編集（整理分析・表現）	発信
学びのイメージ	明確な課題意識をもって、主体的に情報を集める	思考を働かせ、自分たちの考えをつくりあげる	相手意識をもって伝え、自分たちの学びをふりかえる
主体的な学び 意欲 ＋ 見通し	①ミッションへの共感（問題意識、憧れ、依頼） ②課題の設定（ミッション解決手段の予想・見通し） ③探究の見通し（スケジュールの提示・プランニング） ④収集方法の検討（手段、場所・相手、キーワード、質問）	⑯手段を選択する機会（分析・表現方法を選ばせる） ⑰分析方法の検討（情報の質や課題解決の方向性と判断） ⑱表現方法の検討（分かったことや発信場面・手段から判断） ⑲ふりかえりの機会（計画の評価・調整をする機会）	㉛発表前のための設定（伝えかたのめため、伝える目的の確認） ㉜発表後の自己評価（伝え方、質疑、準備状況のふりかえり） ㉝単元全体のふりかえり・評価（学んだ内容、学び方、自身の変容） ㉞新たな課題の発見（さらに深める、次の機会、他の方法）
対話的な学び 学び合い ＋ アイデア創出	⑤疑問・解決アイデアの出し合い（ブレインストーミング、付せん紙の活用） ⑥課題づくり（アイデアを選ぶ条件、優先順位） ⑦チームづくり（生活班、課題別グループ） ⑧情報収集の分担（テーマごと、手段ごと）	⑳集めた情報の共有（共通・相違点や関連性、取捨選択） ㉑意見の相違や対立（模索・葛藤、対立点の視覚化） ㉒アイデアや解決策の創出（妥協点の模索、情報の再収集） ㉓発信内容の点検（相手を意識した工夫を相互評価）	㉟ミッションと成果物にあった場の設定（発表時間、手段、空間、進行） ㊱ホンモノの評価（リアルな他者相手の設定） ㊲フィードバックの確保（質疑、コメントカード、アンケート等） ㊳伝わった・伝わらなかったことの確認（成果物の再点検）
深い学び 見方・考え方 ＋ 探究	⑨課題の点検（単元のねらいとの対応） ⑩単元の基礎となる知識や技能の習得（一斉指導や個別の習熟） ⑪情報収集の質と量（ホンモノさ、多面的、読み解き甲斐） ⑫収集した情報の検証（信頼性、新しさ、許諾条件の確認）	㉔教科の見方・考え方で整理・分析（視点やキーワードの設定） ㉕情報の構造化・傾向の発見（思考ツール、表やワークシートの工夫） ㉖型や制約条件の設定（スライド構成、発表時間、使える資料） ㉗思考・表現を支える技能の指導（似た問題の例示、失敗例から改善策）	㊴発表に対するルーブリックの設定（発表内容・発表の仕方） ㊵質疑応答のレベル（事実確認・意図や理由・成果の発展） ㊶他の班の成果との統合（別の立場、複数視点で考察、関連づけ） ㊷学習成果を個別に総括（学習課題に立ち戻る、自分の考えの変化）
ICT活用	⑬ウェブでの検索・収集（URLの記録、検索条件、要約の仕方） ⑭写真・動画・音声による記録（カメラの持ち方、構図、環境を整える） ⑮データの収集・入力（ウェブで収集、集計表の設計、センサ）	㉘協働学習ツールによる情報共有（比較、統合が容易、写真・画像の利用） ㉙データの整理・分析（表やグラフ、データベースの活用） ㉚デジタルで表現（作文、プレゼン、動画、プログラム）	㊸拡大提示による発表（指さし、口頭・拡大をしながら） ㊹ウェブやSNSへの情報発信（相手意識、著作権・肖像権の指導） ㊺ポートフォリオで学びのふりかえり（映像でふりかえる、自己評価の変容）

Chapter2

実践編
ステップアップがわかる
小・中・高等学校の
情報活用型 PBL
プラン

1

1 2・3年・図画工作・国語「東別院小学校の小さな住人」

小学校の情報活用型PBLプラン

【情報活用型プロジェクト学習　単元デザインシート】

ア．学年・教科：2・3年・図画工作・国語

ウ．プロジェクトのミッション
　東別院小学校に住む小さな住人を1年生に紹介しよう

単元目標（図画工作）
・知識及び技能　　　　　　：身近な場所の様子から想像を広げ，東別院小学校に住む住人を表す時の感覚や行為を
・知識及び技能　　　　　　：紙粘土やはさみ・のりなどの用具に十分に慣れるとともに，手や体全体の感覚などを
・思考力，判断力，表現力等：身近な場所で，感じたこと，想像したことから，表したいことを見つけることや，好
・学びに向かう力，人間性等：つくりだす喜びを味わい，楽しく表現する学習活動に取り組もうとする。

オ．収集「東別院小学校に住む小さな住人をつくろう」	カ．編集「小さな住人のスラ

ク．情報活用能力（○この単元で育成したい　□この単元で発揮してほしい）

□○作品に合った画像を撮影する（A1L1）	□話の順番を組み立てること ○スライドの作り方がわかる

ケ．授業展開・教師の手立て

・東別院小学校に住む小さな住人をつくることを知り興味を引き立てる① ・小さな住人がいそうな場所を探し，写真を撮る④⑭ ・撮影した写真から住人の特徴を考え，整理する③	・撮影した画像を使いながら想像を広げる⑱⑳ ・整理・分析したことをもと㉒ ・途中段階の作品の写真を撮る㉓
図画工作（　2　）時間・国語（　1　）時間	図画工作（　5

ルーブリック	S	A
思考 （工作）	つくりたいもののイメージが明確であり，場所の感じや特徴を関連づけて考えている。	つくりたいもののイメージに合わせて，色や形，材料を活かしながら表し方を考えている。
表現 （プレゼンテーション）	相手を意識して，写真の選び方や見せ方，順番等を工夫している。	自分のつくった作品について，作品の特徴を適切に説明している。

イ．単元名：「東別院小学校の小さな住人」
エ．期待する成果物 　　作った住人をプレゼンテーションにまとめる

通して，形の感じ・色の感じなどがわかる。
働かせ，表したいことをもとに表し方を工夫して表すことができる。
きな形や色を選んだり，いろいろな形や色を考えたりしながら，表現することができる。

イドを作ろう」	キ．発信「１年生にプレゼンしよう」

ができる（B1L1） （B5L1）	□資料を使ってわかりやすく話す（A8L1） ○相手を意識して話し方を工夫する（B6L1）
イメージした住人の交流をし， にイメージした住人をつくる 影しておき，スライドをつく	・発表についてのめあて，聞き方のめあてを確認し，鑑賞会をする㉛㉟ ・他の子どもからの評価をもらい，ふりかえりをする㉜㉝㊲
）時間・国語（　２　）時間	図画工作（　１　）時間

B	C
つくりたいもののイメージに合わせて，色や形を考えている。	つくりたいもののイメージができていない。
伝えたい内容と写真とのズレがある。	写真に合った説明ができていない。

1 ステップアップポイント

❶学習環境〜単元前に ICT に慣れる機会をつくる

GIGA スクール構想により，令和3年度から1人1台の
タブレット型端末の使用がはじまりました。本校の子ども
たちにとってタブレット型端末の使用はほぼ初めてであっ
たため，本単元に入る前に，端末に触れ，操作する楽しさ
を感じる活動を取り入れました。GarageBand でリズム
作りをしたり，カメラ機能で身近にいる昆虫や植物を撮影
したりし，タブレット型端末にはさまざまな機能があり，

【図1　友だちの絵を紹介する】

楽しく学習できることに気づかせていきました。タブレット型端末を用いた学習に興味を持ち
はじめたところで，図画工作科で絵の鑑賞会をしました。カメラ機能で撮影した友だちの絵を
テレビ画面に映し，感じたこと，考えたことを発表しました（図1）。「この部分がよい」とこ
ろを拡大して提示することで，自分の考えをわかりやすく伝えることができました。次に
Pages で文字入力の練習を行いました。本学級は，2・3年生の複式学級です。どちらの学
年とも文字入力をしたことがない子どもがいたため，3年生はローマ字入力，2年生はひらが
な入力での練習をはじめました。2年生は練習に時間がかかりましたが，子どもたち同士で教
え合いながら楽しく練習をしていました。これらの活動を通して，子どもたちは教員が提示す
る以上に新しい機能を見つけ出し，互いに教え合いながら活用スキルを高めていきました。子
どもたちのタブレット型端末を操作する様子から，ICT を適切に活用することで学習に広がり
が生まれると感じました。

❷教科横断〜図画工作でつくり，国語で伝える

ミッションを「学校に住む住人を1年生に紹介しよう」と設定し，図画工作科と国語科の教
科横断的な学習を進めました。2年生と3年生は到達目標が異なります。情報活用能力のねら
いは，2年生はプレゼンテーションの作成に必要な写真を撮影し，伝えたい情報を簡単な文章
にまとめること，3年生はプレゼンテーションのスライドをストーリー仕立てに作成し，相手
を意識して表現することとしました。文章作成は国語科で取り組みました。また，図画工作科
のねらいとして，2年生は想像を膨らませて粘土に表すこと，3年生は材料の特徴や表現方法
を知り，表したいもののイメージや発想の広がりを楽しみながら表現することとしました。

導入では，場所の設定を身近な自分たちの学校とし，「毎日過ごしている学校には小さな住
人が住んでいて，みんなの学校生活を楽しいものにしてくれている。でも普段はみんなには見
つからないようにしている」と伝え，『自分たちの学校に住む小さな住人をつくろう』と課題
を提示しました。「小さな住人」は想像をかき立てます。しかも，「自分の学校にいる」ことに
興味を示し，「小さな住人って何？」「こびと？」「モンスター？」「宇宙人？」等とそれぞれに

つぶやきはじめました。そして，「どこに隠れて住んでいるか」を考えていく中で，「こんな住人が本当にいたらいいな」と思う自分だけの住人を想像し，活動への意欲を膨らませていきました。住人の住んでいそうな場所をカメラ機能で撮影し（図2），その場所から想像する住人

の特徴等を Keynote にまとめ交流会をしました。ここでは，自分の考える住人を発表したり，友だちからのアドバイスを聞いたりし，より自分のつくりたい作品へのイメージを高めることができました。また，自分が想像する住人のプレゼンテーションを作る段階でイメージが浮かばない子どもには，他の子どもたちからのアドバイスがあり，いっしょに考え合い，教え合う場面も見られました。

【図2　場所を考えて写真を撮る】

　単元の終末には，1年生を対象に自分のつくった作品のストーリーを考え，プレゼンテーションを作成し，発表会を行いました。プレゼンテーションを作る時には，発表の対象が1年生であることを念頭に置き，自分が伝えたい内容をわかりやすく文章にまとめたり，漢字は使わずひらがなで入力したりしていました（図3）。文章作成においては，2年生は伝えたいことが明確になるように語と語のつ

【図3　伝えたい事柄を整理する】

ながりや写真とのつながりを考えて文章を書かせました。また，3年生は自分のつくった住人に役割を持たせ，目的意識や相手意識を持って文章を作成させました。子どもたちはストーリーを考えていく中で，伝えたい内容と写真が対応していない場合は，もう一度写真を撮り直し，自分の考えに沿うまでやり直していました。入学して間もない1年生に「自分たちの学校はこんなにいいところがある」と伝えることを目標にプレゼンテーション作成に取り組みました。

2　探究ストーリー

❶課題を知り，学習の見通しを持つ

　学校に住む小さな住人をつくることを知り，学習の最後には自分たちのつくった作品を，1年生を対象に Keynote を用いて紹介することを知らせました。

❷イメージマップを作る

　住人のイメージを持たせるために，まず，教員が考えた小さな住人のモデルを提示しました。そして，住人の「色」や「形」，「特徴」等について，学級全員でイメージマップにまとめました（図4）。イメージマップを作りながら，「モンスターがいいなあ」「でも学校だから，助けてくれたり，守ってくれたりするのがいいなあ」等，いろい

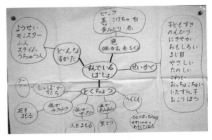

【図4　イメージマップ】

ろな意見を出し合いました。

❸学校に住む小さな住人を考える

　次に，学校を楽しくする住人がいそうな場所の写真撮影を行いました。子どもたちは個々に，校舎内や校庭などを回り，自分の思いと合う場所を選んで写真を撮っていました。

　３年生のさくらさんは，図書室に住む住人をつくることを決め，写真撮影をしました。なぜ，図書室を選んだか聞くと，図書室には本がいっぱいあり，隠れる場所がたくさんありそうであることと，本をいっぱい読めるからという理由でした。写真を撮りながら，「こういう本と本の隙間に隠れてる。」「本はカラフルな色だから，見つかりにくい。」などと話していました。

　教室に戻り，自分の想像する住人について，Keynoteにまとめていきました（図５）。さくらさんは住人に「ホト」という名前をつけ，その特徴を考えていきました。「ホト」という名前は，本と図書室の最初の一文字を合わせたものです。そして「ホト」の「色」「形」「特徴」等について，住んでいる場所の写真と照らし合わせながら考えていきました。自分の考えを文字にすることでつくりたい作品の形をより明確にとらえることができました。

【図５　住人の情報をまとめる】

❹イメージした住人の交流会をする

　つくりたい住人の情報を Keynote にまとめて発表し，友だちにアドバイスをもらいました（図６）。「ホトが図書室の本を整理してくれるのは，本をどんどん借りたくなるからいいですね。」や「ホトは妖精だから，どこでも飛んでいける羽があるといいですね。」など，友だちの意見を聞き，自分の作品に活かすことのできそうな情報を得ることができました。

【図６　住人の情報を発表する】

❺設計図をかく

　交流会を終え，設計図をかきました（図７）。かき進めるうちに，「ホトだけじゃ寂しいし，友だちも作りたい」と思いつき，図書室に住む仲間たち（本の博士と本の子ども）もかき加えました。

❻作品作りをする

　設計図をもとに，紙粘土を用いて作品作りを行いました（図８）。構想の段階で住人に名前をつけたこともあり，自分の想像する住人に愛着を持ち，より意欲的に作品作りに

【図７　設計図をかく】

取り組みました。住人はその特徴や性格に合った色使いや持ち物などを工夫してつくりました。途中，図書室に賞状が掲示してあったことを思い出し，新しい仲間（しょうじょうくん）をつくったり，仲間たちがいっしょに過ごせる棚をつくったりと，試行錯誤しながら作品作りに取り組んでいました。

【図8　粘土で作品をつくる】

❼プレゼンテーションを作る

まず，出来上がった住人を住んでいる場所に置き，その住人が普段その場所で何をしているかをストーリー仕立てにして紹介できるよう写真撮影をしました（図9・10）。そして，撮影した写真をもとにプレゼンテーションを作成しました。愛着を持ってつくった自分だけの住人ということと，1年生に「ホト」を紹介するということから，スライド作りも試行錯誤しながら取り組んでいました。特に1枚のスライドに文字と写真が入るため，文字の配分や写真の大きさを考えながら作ったり，内容がよくわかるように写真を2枚貼り付けたり等の工夫をしていました。スライドが完成したのち，1年生が楽しくプレゼンテーションを見てくれるよう，アニメーションや効果をつけていました。

【図9　撮影場所の工夫（1）】

❽発表会をする

1年生に発表する前に学級でリハーサルを行いました。スライドの構成や話す時の声の大きさ，速さ等について，良い点や改善する点を教え合い，それをもとに再度個々に練習をし，1年生にプレゼンテーションを行いました。

【図10　撮影場所の工夫（2）】

❾ふりかえりをする

1年生に発表した後，「1年生に内容がうまく伝わったか」「1年生を意識して発表できたか」という点でふりかえりをしました。プレゼンテーションを作る時に「1年生にわかりやすく伝える」を目標にしていたことから，ゆっくり大きな声で発表できたことや1年生が喜んで見ていたことを振り返りました。また，スライド作りでは，ホトの特徴がよく伝わるよう文章を打ったり，写真を組み合わせたり，アニメーションをつける等の工夫も振り返っていました。

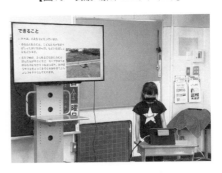

【図11　発表会をする】

3 評価・ふりかえり

❶評価

「思考（工作）」について，ルーブリックの検討資料は制作前に行ったアイデアスケッチと撮影した写真を参考にしました。「住んでいる場所」「色」「性格」「特徴」「できること」等の想像を広げ，住人の住む場所を決定し，場所に合わせた住人の形，色，特徴等を考えられているものについてはＡ基準としました。図書室の住人をつくったさくらさんについては，「ここで本の整理をしている」や「みんなが帰った後はここで寝ている」等，住人の様子を思い浮かべながら写真を撮っていました。住人についてスライドにまとめる時には，住人の住む場所が図書室であることから，住人の色や性格を理由をつけて考えたり，図書室という場所からその特徴を考えたりし，具体的につくりたいものをイメージしていました。また，最初に考えた住人だけでなく，その住人の友だちをつくることを思いつき，スケッチにまとめました。このように，作品をさらに良いものにしようと工夫して考えている点からＳ評価にしました。

「表現（プレゼンテーション）」については，撮影した写真の中から伝えたい内容に適した写真を数枚選び，自分のつくった作品の特徴を簡潔な文章にまとめたものをＡ基準としました。また，プレゼンテーションをする対象が１年生であることを意識し，選んだ写真にストーリーを与えて文章を作り，自分の世界観を持たせたものはＳ評価にしました。

図画工作科の「思考・判断・表現」については，自分のつくりたい住人に近づけるため，色や形を工夫してつくっている子どもはＡ，つくりたいものをつくっている子どもはＢ，イメージが湧かず教員の手助けが必要な子どもについてはＣ評価としました。評価をする際には，作品をつくりながら「一人で立てるように足をもっと太くしよう」「部屋を綺麗にするために掃除の道具を持たせよう」等と想像を膨らませながらつくったり，友だちの作品を見て，「ぼくも洗濯する道具を持たせよう」「のんびり休憩する時，使う葉っぱのクッションをつくろう」等，思いついたことを作品に活かしたりしていること，また，友だちの作品について「この羽，もっと大きくしたら飛びやすそう」「ここはもっと赤くしたら，燃えているみたいでいいよ」とアドバイスしていること等を参考にしました。

❷子どもたちのふりかえり

・わたしは，図書室に住んでいるホトが本当に図書室に住んでいるようにつくりました。わたしはみんなとちがって，ホトだけじゃなく他の本たちや仲間をつくってにぎやかな感じにしました。発表は１年生にするので，プレゼンテーションを作る時はすべてひらがなで打ちました。最初に紹介を書いて説明するとわかりやすいと思って，ホトの紹介からスライドを作りました。それからホトの紹介だけでなく，仲間の住人たちの紹介やホトの不思議な力もかいて，妖精らしさをアピールしました。クイズを入れたり面白いアニメーションを入れたりして見ていてワクワクするようにつくりました。だから，たぶん１年生もワクワクしながら

見てくれたと思います。スライドの最後にみんなの住人が遊んでいるところの写真をのせて，「みんな仲良しで，学校にはもっと住人がいるんだよ」と教えることにしました。わたしは，発表の本番がとても楽しみでした。本番の日に上手に発表できて良かったです。

・ひみつの住人をつくる時，しっかりと性格や特徴を考えるのが難しかったです。細かいものをつくる時はつまようじや指を使うとつくりやすかったです。プレゼンテーションを作る時，１年生にわかりやすいように文を拡大したり，漢字をなくす作業が大変でした。でも作っていく間に，プレゼンテーションの新しい機能を発見したりするのが楽しかったです。一番難しかったのは，粘土の色合いです。一度つくって使ってしまうと，後もどりがなかなかできなかったので，後悔しました。つくり終わって，「もっとあそこをこうすればよかった」と気づくことがあったので，慎重にやることは大切だと思いました。プレゼンテーションを作る時には，伝える人によって，作り方を変えることも大切だと感じました。

❸教師のふりかえり

　今回の実践は，発達段階の異なる２学年合同で行うことから，どちらの学年の子どもたちも興味を持って取り組める単元を探ることからはじめました。子どもたちにとって毎日過ごしている身近な学校を舞台として作品をつくり，つくった作品を１年生に紹介するミッションを設定しました。学校のどこかに自分たちの知らない住人がいることに子どもたちは大変興味を持ち，想像を膨らましていきました。また，学習の過程においてタブレット型端末を用いることにより，学習意欲を高めていくことができました。

　構想の段階では自分の考えを文字に表すことでさらにアイデアが浮かび，文字を打ち込む姿が見られました。また，作品紹介のプレゼンテーション用の写真を撮影する場面では，自分のつくった作品をいろいろな形で置き，ストーリーを考えていました。家庭科室では作品を洗濯機の上に置き「これは，洗濯機をのぞいているところ」とか，パソコンルームではローマ字表に向けて置き，「みんなにローマ字を教えるために覚えているところ」等とさまざまにストーリーを考え，写真撮影をしていました。一番印象に残っていることは，休み時間に，前述のさくらさんが学級の友だちの作品を教室の隅に並べだした場面です。

　「みんなのつくった住人はみんな仲良しだから，わたしたちが帰った後，教室に集まって遊んでるの。」

　「かくれんぼとか，だるまさんが転んだをしている。」

　さくらさんは単元を通して主体的に学習活動を進めてきたことを教員は理解することができました。この実践を通して，単元のミッションを明確に提示することで，子どもたちは学習に見通しを持って臨むことができ，子どもたちの思いにマッチするミッションであれば，意欲が途切れることなく学習を進めることができることを子どもたちに教えられました。

（北村佳代）

2　3年・国語「本をしょうかいしよう」

【情報活用型プロジェクト学習　単元デザインシート】

ア．学年・教科：3年・国語

ウ．プロジェクトのミッション

　西ノ島小学校の友だちに読んでもらいたい本を選んで，ビデオレターで紹介しよう

単元目標
・知識及び技能　　　　　　：幅広く読書に親しみ，読書が必要な知識や情報を得るのに役立つことを理解している。
・思考力，判断力，表現力等：本を読んで感じたことや考えたことを共有して，一人ひとりの感じ方などにちがいが
・学びに向かう力，人間性等：本を読んで感じたことや考えたことを積極的に共有し，読んでもらいたい本を選んで

オ．収集「紹介したい本の内容と理由を集めよう」	カ．編集「紹介する本を選ん

収集
a. 課題づくり

どんな本を選んできたか

本を紹介するビデオレターを作る

収集
h. 統計資料

並行読書本，読み聞かせ本等リスト

面白い物語，調べるのに役立つ，驚き発見のある本

収集
b. 図書

リストから選んだ本

内容場面，人物，セリフ，役立ったこと，驚き

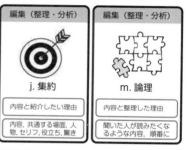

編集（整理・分析）
j. 集約

内容と紹介したい理由

内容，共通する場面，人物，セリフ，役立ち，驚き

編集（整理・分析）
m. 論理

内容と整理した理由

聞いた人が読みたくなるような内容，順番に

ク．情報活用能力（○この単元で育成したい　□この単元で発揮してほしい）

□大事なところを短い言葉でまとめる（A7L1）
○拾い読みや探し読みで必要な情報を見つける（A4L2）

□聞く人が関心を持つように理由を
○観点を考えて本の良さや面

ケ．授業展開・教師の手立て

・これまでいろいろな本を読んできたことを取り上げ，他校の3年生はどんな本を読んでいるのだろうという問題意識を持つ①
・自分たちが読んでほしいと思う本を西ノ島小学校の3年生に紹介するためにビデオレターを作ることを理解する②③
・外国の話，魚，電車，オリンピック／パラリンピック，読み聞かせで聞いた話等のチームに分かれて，紹介したいところを集める⑦⑧

・紹介したいところを共有しと使わないところを取捨選択
・紹介に使うところを精選し⑱㉒㉚
・発表をグループ相互に見合てアドバイスし合う⑱⑲㉒㉓
・ビデオレターを完成させる

（　2　）時間

ルーブリック	S	A
思考（内容）	異なる意見を取り入れながら，本の内容や具体的な場面を明確にしながら，紹介したい理由に優先順位をつけたり自分の考えを述べたりしている。	相手を意識し，自分とは異なる友だちの意見も交えながら紹介したい理由を整理し，本の内容や具体的な場面を明確に示している。
表現（見た目）	相手を意識して話し方を工夫した上で，紹介したい理由がより明確に伝わるように一部を具体的に紹介するなどして本や資料を示している。	相手を意識して話し方を工夫しながら，本や資料を示すなどしている。

イ．単元名：「本をしょうかいしよう」
エ．期待する成果物 　西ノ島小学校の友だちに，読んでもらいたい本の内容と選んだ理由を伝えるビデオレター

あることに気づき，相手を意識しながら本を選んで紹介できる。
紹介しようとする。

でビデオレターを作ろう」	キ．発信「西ノ島小の友だちにビデオレターを見てもらおう」		
編集（表現）  t. 動画 紹介したい本の内容とその理由 相手を意識した話し方，理由の示し方	発信  x. 展示・公開 西ノ島小学校3年生 ビデオを見る	発信  y. 対話 オンライン交流授業（感想コメント） ビデオを見て読みたくなった本とその理由，紹介通りに良かったところ，自分が感じた面白さ	発信 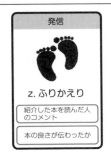 z. ふりかえり 紹介した本を読んだ人のコメント 本の良さが伝わったか

選び順番を組み立てる（B1L1，B4L1） 白さを分類する（B2L2，C2L2）	□学びを振り返ることができる（B8L1） ○ビデオを見る人を意識して伝え方を工夫する（B6L1）

て整理し，紹介に使うところ する⑳㉔㉕ ビデオレターの構成を考える い，内容と表現の仕方につい ㉘㉚ ⑱㉚ 　　　　（　3　）時間	・西ノ島小学校の友だちにビデオを視聴してもらう㉛ ・オンライン交流授業で紹介した本を読んだ感想を聞く㊱㊲ ・西ノ島小学校の友だちの感想をもとに単元のふりかえりをする㉝㊱㊲㊳ 　　　　　　　　　（　2　）時間

B	C
相手を意識し，紹介したい理由を整理しているが，本の内容や具体的な場面などが明確に示せていない。	相手を意識せず，紹介したい理由が整理されていない。
相手の関心や反応を高める話し方を工夫しているが，本を示すなどをしていない。	相手の関心や反応を高める話し方の工夫（ゆっくり話す，視線，本を示す）を取り入れていない。

1 ステップアップポイント

❶個別最適な学び〜紹介したいこだわりの１冊を選ぶ―学校図書館との連携―

　本単元の学習は，自分が紹介したい本があることが前提になります。一人ひとりが選ぶ本の
ジャンル・テーマや難易度には個人差があり，特に３年生はその差が大きくなりはじめる学年
だと思います。学校図書館と連携を図りながら，次のような工夫をして，どの児童も自分が紹
介したいこだわりのある本を選べるようにしました。

　まず，学校司書の協力を得て，学習の並行読書に活用し
た図書履歴を整理して分類し，「魚や鳥」「オリンピック／
パラリンピック」「昆虫や動物の不思議」「鉄道（電車）」
「読み聞かせの本」「外国の物語」「学級の図書係が紹介し
た本」のジャンル・テーマから本を選ぶようにしました
（図１）。共通の読書体験のある分野や関心の高い分野を具

【図１　並行読書用の図書】

体的に示した方が，本を選びやすいのではないかと考えたからです。共通の読書体験となる本
を入れることは，内容について互いに意見を言い合えて，協働的な学びを生むことも期待して
います。「読み聞かせの本」は，読書量が多くない児童も選びやすいように加えました。それ
ぞれリストを作成して図書を準備し，直接手に取って比べ読みしながら本が選べるようにしま
した。

　学校司書には，授業前から積極的に授業づくりに関わってもらいました。学校司書は町立図
書館との兼務で，児童が図書館に来て，本を選ぶところを実際に見ている存在です。「あの子
ならこんな分野の本を選ぶのではないか，こういうところを紹介するのではないか」「紹介に
こういうところまで求めるのは難しいのではないか」といった学校司書の意見は，実際の児童
の学びを想定することにもつながりました。情報（本のおすすめポイント）の収集，整理，表
現（動画の撮影）でも授業に参加して支援してもらいました。今回は授業者自身が司書教諭で
したが，司書教諭が同じような形で授業支援を行うことも考えられると思います。

　本を準備するにあたっては，本校，相手校とも両県の図書館連携システムを活用し，町立図
書館，県立図書館の支援を受けました。

❷ICT・学習環境〜リアルな発信とフィードバックでの対話を実現する

　本校は単学級なので，言語活動に意欲的に取り組めるよ
うオフィシャルな相手意識を持たせる工夫が必要となりま
す。今回は，緊張感，現実感のある情報発信の相手として，
県外姉妹町の小学校３年生を設定しました。発信方法は，
ICTを活用して動画を撮影し，ビデオレターとしました。

【図２　伝わったことを確認する】

本県では，公立小中学校，高等学校でGoogle Workspaceを使っています。相手校もGoogle Workspaceを使っていたので，Googleスライドでビデオレターを作成し，両校の共有ドライブから動画を見られるようにしました。当初Google Classroomで，両校の児童が各端末で見られるようにしようと考えたのですが，ドメインのちがいですぐに県外の学校とはできないとのことでした。条件が整えば，校外への発信でもClassroomを使った方法も可能でしょう。発信後のふりかえりは，Google Meetのオンラインで行い，対話する場面を設定して，自分が伝えたかったことが伝わっているかどうかことばで返してもらえるようにしました（図2）。発信した内容に対するフィードバックを聞いて自分の学びを振り返り，今後の学びに活かせるようにしたいと考えました。

　ICTを活用して動画を撮影することで，編集場面では，試行錯誤して発信内容を吟味し，途中経過を見合ってアドバイスしながら協働的に学習を進めることもねらいました。

2　探究ストーリー

❶ミッションをとらえ学習の見通しを持つ

　読書経験について話し合った後，「読んでもらいたい本を選んで，県外姉妹町の3年生にビデオレターで紹介しよう」というミッションを示しました。学習成果物のイメージを共有するために，6年生が3年生に本を紹介したビデオレターを準備して視聴しました。面白いところや登場人物の特徴，特に読んでほしいところなどの紹介を聞いて，「この本読んでみたいな。」「面白そうだな。」というつぶやきが聞かれました。相手校の児童の写真と名前を提示すると，「どんな本を紹介しようかな。」と意欲的で，「ビデオはどうやって送るのか。」「紹介した本を相手校の3年生は読んでくれるのか。」など，学習の流れや見通しについてたくさん質問が出ました。そこで，用意した学習計画を示して児童と共有し，学びの見通しが持てるようにしました。意図した通り，発信の相手が近い将来交流する学校の同級生で，紹介した本を実際に読んで感想を聞かせてくれるということで，緊張感を持ちつつも大いに学習意欲が高まったことが伝わってきました。

❷こだわりの1冊を選ぶ

　共通の読書経験がありながらも，一人ひとりが選ぶ本はとても個性的でした。「この本はどう？」とテーマごとのグループでアドバイスし合う姿が見られましたが，自分が納得しない本は選ばないなど，一人ひとりがこだわりを持って選択していました（図3）。鉄道（電車）グループは，3人でシリーズ本を選び，それぞれ分担して紹介することにしました。実際にジャンル・テーマごとに本を準備していたので，直接手に取って選ぶ児童が多く，図書リストを活用する姿はあまり見られませんでした。

【図3　1冊を選ぶ】

タカシ君は，「魚」ジャンルを選んで本を手に取って比べていましたが，準備した本とは別の図鑑を持ってきました。同グループの児童が準備したものの中から「海釣り」「川魚の飼い方」を選んでいたので，図鑑でもよいか心配になったようです。読書量が多いとは言えないタカシ君ですが，自分が関心のある分野の中から，またたくさんの魚の図鑑の中から「この1冊」を選んだことや，すでに紹介したいポイントが言えることを称賛しました。

　マサミさんもあまり読書量が多い方ではありませんが，読み聞かせの本の中から「ろくべえまってろよ」を選びました。どちらかというと楽しい物語を選ぶ児童が多い中，正義感の強いマサミさんらしい選択だと感じました。

❸紹介したい根拠（おすすめポイント）を収集し整理する

　次に，紹介するおすすめのポイントを収集し，フィッシュボーン図に書いて整理しました（図4）。児童は，フィッシュボーン図を使ったことがなかったので，NHK for School で，その使い方と良さを学習しました。その上で，相手校の友だちが読みたくなるようなおすすめポイントとして，どんな情報を集めたらよいか全体で話し合いました。ここでも6年生のビデオレターがモデルとして参考になり，

【図4　フィッシュボーン図に整理】

「大体の内容・あらすじ」「登場人物の紹介」「面白いところ」「自分が好きな場面」「この本を読むとよくわかること」「自分が思ったこと」「この本のいいところ」などの意見が出されました。「大体の内容・あらすじ」は全員共通とし，その他は項目から選んで情報を集めることにしました。情報を集める時には，本の必要なところを探し読みする，拾い読みする，他の本と比べ読みする能力の育成もねらっています。

　タカシ君は，項目に「大体の内容」「ぼくが好きな魚」「いいところ」を挙げましたが，「いいところ」がうまく表現できず困っていました。他の図鑑と読み比べグループの友だちと話し合って，人間と比べて図で魚の大きさを表していることや，魚の骨など図を使って説明している良さを挙げることができました。

　マサミさんは，必要な部分を繰り返し読み，これまでの学習経験を活かして物語の内容を短く表したり，登場人物の役割や重要度を意識して登場人物を紹介したりして，おすすめポイントを整理しました。

　さらに，グループでワークシートを読み合ってこれで読みたくなるか，本の良さが伝わるかを検討して情報を取捨選択し，足りなければ必要な情報をさらに集めました。「この本を読むとこんな気持ちになると思うよ。」というすすめ方をしている児童があったのでこれを紹介してどう感じるか話し合い，付せんに書いて付け加えてみるよう助言しました。

　タカシ君は，「魚の本を読むと，好きな魚があるかもしれないよ。」と，この図鑑の中からバショウカジキという好きな魚を見つけた時の気持ちを思い出して表しています。マサミさんは，

「この本を読むと，犬の気持ちになっているように感じるよ。」と，登場人物の心情を追いながら読み進めたことが伝わってくる表現をしています。このようにおすすめポイントを整理，取捨選択したあと，伝える順番を番号で記入し，グループ内でワークシートを見ながら紹介する練習をしました。授業後，タカシ君は，「自分でも魚の図鑑を持っているけど，選んだ図鑑とはちがっているからいっしょに見せて，こういう図鑑もあると教えてあげたい。」と言ってきましたので，やってみるよう励ましました。

❹意見交換しながらビデオレターを作成する

　次に，実際に動画を撮影し，見直してグループで意見交換をしました（図5）。「本を開いて見せるのが難しい。」という声が上がったので，ブックスタンドや付せんを準備し，自由に活用できるようにしました。表現の仕方の課題に，話す速さや顔の向き，図書の示し方，伝わる話し方，内容の課題に，話す項目の順序と量などを挙げてアドバイスし合う様子が見られました。

【図5　意見を交換する】

　タカシ君は，示したい本のページをうまく出せるようにすることや，もっと前を向いて話すようにすることを目標にして練習していました。この日はさらに「ぼくが図鑑を見て描いた魚の絵を見せたい。」と言ってやってきました。タカシ君は絵を描くのが好きで，よく本を読んで気に入ったさし絵や写真を絵に描いて切り抜き，大切にしていました。本当は，マサシ君にとってこの図鑑の使い方，楽しみ方が一番のおすすめポイントだったかもしれません。

　マサミさんは，4つの場面を具体的に紹介していましたが，授業後練習ビデオを見て「話が長過ぎ。話し過ぎてネタばれ。」と振り返っています。聞く側は長く感じることや，具体的に話し過ぎては楽しみがなくなってしまうことを感じ取ったようです。表現についても，本を置く場所や向き，本の開き方などを実際にやって見せて，積極的にアドバイスしていました。他のグループの動画と見比べて，「撮影場所の明るさにも注意しなくてはならない。今日の場所は良くなかった。」と，授業者に伝えてきました。

　想定外だったのは，撮影の仕方です。タブレットを動かし過ぎて，見にくくなったものがありましたので，最後の動画撮影では，固定してズームを使うことを確認しました。

　タカシ君は，見せたいバショウカジキの絵を家で描いてきて友だちにも見せるなど，とても張り切っていることがわかりました。撮影では，練習動画に比べて本の示し方や顔の向きなどが良くなり，目標を意識して取り組んだことがわかります。必要なところに付せんを貼り，2冊を同時に示すような工夫も見られました（図6）。また，伝えたい内容がしっかり頭に入っていて，ワークシートに頼らず話をしていました。ところが撮影後，「描いてきた絵を使って話すことを忘れていた。」と，続

【図6　撮影の工夫】

きを別に撮影することになりました。原稿も練習もない撮影ですが，動画が２つになるわけや，自分の絵に対する評価など，みごとにまとめて伝えています。ここでも，自分で伝えたいことへのこだわりや強い思いを感じました。

　マサミさんは，具体的に述べていた４つの場面のうち２つの場面はカットし，１つの場面はそのまま，１つの場面はごく簡単な紹介に変更して内容を精選しました。本をうまく示しながら，２つの場面を紹介しています。練習とは本とワークシートの置き場所を反対にして，ブックスタンドにワークシートを立てて内容を目で確認しながら，本を手で持って話していました。示したいページには付せんではなく，指を挟んですぐ開くような工夫も見られました。前時の動画を見て，自分たちなりに分析しながら試行錯誤して学習を進めたことがわかります。

❺ビデオレターで発信し，オンラインでコメントをもらう

　この後，Google スライドの共同編集で，顔写真と本の表紙写真，紹介動画をスライドに貼り付け，ビデオレターを完成させました。２校の Google 共有フォルダから相手校の児童が見られるようにしました。相手校でも同じ本を準備し，ビデオレターのおすすめポイントを聞いて本を選び，読んでもらいました。その後 Google Meet で交流授業を行い，コメントを聞いて，おすすめポイントが伝わったかどうか学習を振り返りました。「海釣りの道具やエサ，釣りのコツがよくわかった。参考にして釣りがしてみたい。『海づり』」「最初は白と黒しかなくて，だんだん色ができていったのが面白かった。『いろいろへんないろのはじまり』」などのコメントに，児童はおすすめポイントがしっかり相手に伝わったと振り返りました。自分とはちがう感じ方を聞き，「ぼくもそう思った。」「笑顔だったので，しっかり読んでくれたことや楽しんでくれたことがわかった。やってよかった。」と振り返る児童もありました。

3　評価・ふりかえり

❶評価

　タカシ君は，情報を整理，分析，編集しながら，２つの図鑑を見せる，自分で描いた絵も見せるなど，この本で見つけたバショウカジキへの強いこだわりが感じられます。本を読んでみんなにもこの魚を知ってほしいという願いから，本のいいところ，他の図鑑の追加・比較，本の使い方，楽しみ方というように伝えたいことをだんだん具体化してはっきりさせ，充実した内容のビデオレターになりました。表現では，相手を意識した視線とはっきりした口調で，内容に合わせて本を示しながら話しています。

　マサミさんのビデオレターを見ると，思考（内容）では，おすすめポイントの収集，紹介の練習，最終の撮影と探究が進むにつれ，相手や目的に合わせた情報とは何か考えながら情報を吟味していたのがわかります。おすすめポイントの優先順位を明確にして，紹介する内容を取捨選択し，話す分量と内容を調整して，物語の中で最も印象深かったところをしっかり説明しています。山場より先に登場人物を紹介した方が良かったようにも感じますが，読んでみてほ

しい気持ちを明るい話し方で上手にアピールしています。

❷子どもたちのふりかえり

・一番好きな場面のところをおすすめしていたから，読んでくれて良かったなあと思いました。一番意識したところを活かして読んでくれたから，それも良かったなあと思いました。
・おすすめポイントが伝わったのがわかってうれしかったです。私は本を読むのがあまり好きじゃなかったのに，この勉強をして好きになりました。
・ぼくが興味を持っているところも，持ってないところも，興味を持ってくれていて良かった。いろんなところに注目してくれていてうれしかった。

❸教師のふりかえり

本単元ではミッションに対して，それを追究したくなるような相手意識・方法意識・ゴールイメージを持つ，図書館と連携して資料を提供する，ICT を活用するなど，学習環境の工夫が効果的だったと感じます。単元の最後まで，児童は意欲を持って主体的に学習を進めることができました。

また「最初の撮影→見直し・話し合い→練習→最終の撮影」の流れの中で，整理・分析しながら情報を再度収集したり，取捨選択したりしながら探究する児童の姿がありました。フィッシュボーン図の中で情報の取捨選択がなされるような単元のイメージでしたが，ここが一番情報を吟味した時だったと思います。情報を扱う学習としてとらえることで，授業者として学びのプロセスの重要性にあらためて気がつくことができました。

ビデオレターの内容と表現を改善するのは，協働的な学び（友だちからのアドバイス）によるだろうと考えていましたが，「相手が読みたくなるように」という目的に照らし合わせながら情報を吟味することにつながったのは，タブレットで自分の動画を客観的に見直したことの方が大きいと感じます。

難しさを感じたのは，単元目標に基づくルーブリックの作り方と児童との共有です。「一人ひとりの感じ方などにちがいがあること」として，伝える内容にどんなことを挙げていけばいいのか，毎時のめあてとして子どもたちに話しことばで考える必要があったと思いました。

タカシ君，マサミさんの学びは大変興味深いものでした。タカシ君はグループ学習を経て，たびたび授業者に自分のアイデアを話しに来ました。PBL に取り組む中で，本気になり，自分の力を発揮していて，自分の学習を調整している姿だと感じます。マサミさんは，「本を読むのがあまり好きじゃなかったのに，この勉強をして好きになった。」とふりかえりに書いています。その理由を尋ねると，「自分で読み返したり，友だちの紹介を聞いたりして，本のいいところばかりみんなで見つけたから，面白そうだな，読んでみたいと思う本がいっぱいあったから。」と答えました。この二人の姿は，単元目標に挙げた「一人ひとりの感じ方などにちがいがあることに気づいている姿」と言えると思います。

（黒見真由美）

3　4年・社会「住みよいくらしをつくる」

【情報活用型プロジェクト学習　単元デザインシート】

ア．学年・教科：**4年・社会**

ウ．プロジェクトのミッション **みんなのごみを減らそう！**

単元目標（主体的に学習問題を追究・解決し，学習したことをもとに廃棄物の減量のために自分たちができること
・知識及び技能　　　　　：廃棄物処理の仕組みや再利用について，必要な情報を集め，読み取り，廃棄物処理の
・思考力，判断力，表現力等：廃棄物減量のために，自分たちが協力できることを考えたり，選択・判断したりして
・学びに向かう力，人間性等：地域社会の一員として，廃棄物の減量や資源の再利用について自分たちでできること

オ．収集「ごみ処理はどのように行われているのだろう」	カ．編集「ごみを減らすためろう」
 **a. 課題づくり** 1日に家庭で出るごみの量は？ ごみはどう処理されている？ 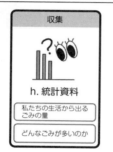 **h. 統計資料** 私たちの生活から出るごみの量 どんなごみが多いのか  **g. 体験** ごみ収集体験 写真で記録	 **j. 集約** さまざまな取組 どんな工夫や努力ができそうか **l. 関連づけ** 自分たちができそうなこと 周りにお願いできそうなこと

ク．情報活用能力（○この単元で育成したい　□この単元で発揮してほしい）	
□課題解決に役立つ情報を選ぶことができる（B1L1） ○情報を組み合わせて新たな意味を見いだす（B2L1）	□情報を組み合わせて新たな ○写真や映像，音声の加工・

ケ．授業展開・教師の手立て	
・学校や家庭で出されるごみの種類や量を調べ，種類や量，出し方について話し合う② ・過去に起きた東京のごみ問題について調べ，ごみが集められないとどうなるか話し合い，ごみの減量化の必要性に気づく①⑥ ・ごみの収集や処理，再利用等について調べる⑩ ・ごみ収集の模擬体験をするとともに，清掃作業員の方からお話を伺う⑪⑭ 　　　　　　　　　　　　　　　　　（ 7 ）時間	・調べたことや体験したことごみ減量について考える⑳ ・地域の人々や社会で行われを集め，自分たちができそうり良い方法について考える㉒ ・ポスターやスライド，動画ごみ減量化や再利用について

ルーブリック	S	A
思考 （内容）	自ら問いを見いだし，必要な情報を集め廃棄物の減量化のために自分たちができることを生活に即して考えている。	必要な情報を集め，廃棄物の減量化のために自分たちができることを生活に即して考えている。
表現 （見た目）	話し合いを通して，伝える相手に応じて内容を選択・判断し，より良い表現方法やことばを使って表している。	話し合いを通して，伝える相手に応じた内容を考え，より良い表現方法やことばを使って表している。

イ．単元名：「住みよいくらしをつくる」
エ．期待する成果物 　用賀小のみんなに，おうちの人に，ごみポスターや動画でごみの減量化，再利用を伝える

を考えようとする態度を養う。）
事業の様子を理解している。
表現する。
を考えようとする。

にはどんなことができるのだ	キ．発信「ごみの減量化や再利用の方法について知らせよう」

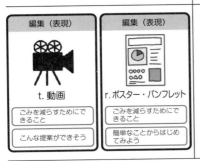

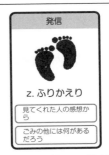

意味を見いだす（B3L2） 編集ができる（A1L2）	□メディアに応じた工夫ができる（B5L1） 〇ふりかえりをもとに次にやってみたいことを考えられる（B8L2）
をもとに，自分たちができる ているごみ減量に対する取組 なことと関連づけながら，よ など，自分たちのアイデアで の提案を表現する⑱㉚ （　4　）時間	・学級で発表会を開き，質疑応答をしながら内容や表現について妥当性を考える㉛㊲ ・作成したポスターやスライド，動画を家族に見せたり，校舎内に掲示したりする。家族や他学年の教員からコメントをもらう㉟㊳ ・ごみの他にも，自分たちが目を向けることで住みよいくらしにつながるものがないか，考える㉝㉞ （　3　）時間

B	C
提示された情報から，廃棄物の減量化のために自分たちができることを考えている。	提示された情報から，廃棄物の減量化のために自分たちができることを考えているが，的を得ない。
話し合いを通して，伝える内容を考え，自分なりの表現方法を使って表している。	話し合いを通して，伝える内容を考え，自分なりの表現方法を使って表そうとしているが，的を得ない。

1　ステップアップポイント

　校内におけるごみの分別は「燃えるごみ」「燃えないごみ」「リサイクルペーパー」となっています。学校内であるため，出るごみの種類はある程度限定されてはいるものの，分別は行っています。子どもたちは，学校や家庭において，ごみを分別していることや，スーパー等でも分別回収していることは経験として知っています。しかし，事前アンケートの結果から，子どもたちのごみの分別に対する意識やごみ問題に対する意識は残念ながら高いとは言えない状況がありました。ごみを地域やマンションのごみ置き場に指定された曜日に出すとごみ収集車が回収することは知っていても，何曜日が何ごみの回収の日であるとか，自分たちが住む世田谷区の詳しいごみ分別の方法，回収後のごみがどうなるか等について知っている子どもはほとんどいない状況でした。

　そこで本プロジェクトでは，自分の生活と関わりが深いにも関わらず，普段何気なく見過ごしてきたごみについて自分事としてとらえさせ，自分なりの考えを持って主体的に関わっていけるようにしたいと考えました。

❶主体的な学び～体験から課題を見つけ，自分たちができることを探す

　実際に具体的に調査・体験する活動を重視しました。学校や家庭でどのくらいのごみを出しているのか，地域にごみ置き場はどのくらいあってどのようになっているのか，ごみはどのように処理されているのか，清掃作業員の方はどんな工夫や努力をし，どんな思いで仕事をしているのか等を具体的に調べ，模擬体験（図１）やインタビューも実施することで，その社会的な意味を考え，自分たちで問題点を見いだし，すすんで地域社会に関わっていこうとする態度の育成をまず目指しました。

【図１　ごみ収集の模擬体験】

　その上で，調べたことをもとに，ごみの減量化や資源の再利用について，自分たちができそうなことや提案できそうなことを考えさせました。そして，それらを自分たちなりの表現で表したものを，学校や地域に掲示したり，保護者に発信したりするという学習のまとめを設定することで，主体的に問題について考え，学習に取り組み，表現方法を検討し，探究することができるようにしました。表現方法については，デジタル，アナログを問わず，新聞，動画，スライド，ポスターなど，自分たちが伝えたいことに有効だと思ったことを選択してよいと伝えました。グループの話し合いの中で議論しながら表現方法を選択していくことで，制作が得意な子どもの活躍が生まれるのではないかと考えたためです。Chapter 1 POINT 4の2にある「グループの活動を個に最適化する」ことをねらいました。

プロジェクトのスタート段階から「自分たちでもできそうなことを考え，それらを伝えることで少し社会が良くなるかもしれない」という期待感は，4年生の子どもたちでも大いに感じていたようで，学習に対する意欲が高まりました。

❷学習環境〜子どもたちの「使ってみたい」に応える環境づくり

　プロジェクトに取り組むにあたり，普段の学習の中でも情報活用能力を意識して育成していく必要があります。情報を図書やインターネットから集める活動，資料から必要な情報を読み取る活動，グループで話し合いながら思考ツールを用いて考えをまとめたり，比較・整理したりする活動，プレゼンテーションを作る活動などをさまざまな教科の学習の中で積み重ね，技能として身につけていくことで，活動の見通しを持ってプロジェクトに取り組むことができるようになります。

　学習環境として，ホワイトボードや，まなボード等はいつでも自由に使えるように教室に常備しておくことで，「ちょっとボードに書きながら考えたいよね」「ボードに書いて整理して

【図2　まなボードで意見を整理する】

みよう」など，子どもたち自身で問題をよりよく解決しようとするきっかけにもなります（図2）。みんなで話し合って解決することで，協働的な学びのベースも育まれていると感じます。

　GIGAスクール構想により，タブレット端末（iPad）を1人1台持つことになりましたが，学習目的の使用に対して制限をあまりかけないようにしています。このことは「アンケート機能を使ってこのことをみんなにも聞いてみたい」「調べたことをこの思考ツールで考えてみたい」「1枚のシートをみんなで編集したい」など，子どもたちがやってみたい，使った方が良い結果が得られそうだ，と考えたことをすぐに形にできる良さがあり，個々の理解や関心の程度に応じた学びを構築することにもつながります。

　今回のプロジェクトでは，タブレット端末をごみやごみ置き場の調査で写真を撮影したり，清掃作業員さんへのインタビューを動画撮影したりといった手軽に記録をする活用や，ロイロノートの思考ツールを使いながら話し合いをする活動，新聞やポスターに必要な資料を集めたり，友だちにアンケートをとったりといった資料の収集，実際に新聞やポスターを作成する場面など，多岐に渡って十分に活用することができました。

　情報活用能力の育成と同様に，さまざまな学習においてタブレット端末を普段の学習から意図的に活用したり，子どものアイデアや使いたいと思ったタイミングによって活用させたりすることで，プロジェクトでも活用の見通しを持つことができ，活動が滞ることもありません。基本的な使用のルールは守らせながら，子どもが使いたいと感じた時には使わせる，その中で，より良い方法についてアドバイスをしながら学習のねらいからは外れないようにしています。

2　探究ストーリー

❶ミッションに出会い，課題を具体化する

　まずは，学校や家でどのくらいごみが出ているか調べました。学校や家庭で出されるごみの種類や量，出し方について話し合い，自分たちの生活で多量のごみが出ていることに気づきました。また，過去に東京都内で起きたごみ問題について知り，ごみが集められないとどうなるかを考えた上で，ごみの行方や処理の仕方について学習問題と学習計画を立てました。ここで，学習のまとめとして，ごみの減量化や資源の再利用のために自分たちができそうなことを考え，それを発信しようということも伝えました。

　学習計画は図3の通りです。それぞれの過程で実際に調査，体験し，ごみの行方や処理の方法，清掃作業員さんの思いなどから多面的に考えることができるようにしました。その後，学習したことをもとに，ごみを減らすために自分たちができそうなことや，提案できそうなことをグループごとに考えました。

　エコバックを使用することでビニル袋の無駄使いを減らすことができるという考えが，多くのグループで挙がりましたが，ここ数年でエコバックの使用が当たり前のことになりつつあるということは子どもたちもわかっていて，他の視点で考えた方がいいのではないか，という議論が各グループで起こりました。

　Aグループは，各自の考えを書いたテキストカードを「必要な分だけ考えて買うようにする」「個包装されていない物やパッケージが簡単な物を買うようにする」「エコバックを使用する，はしやスプーンをもらわないようにする」「物を大切に使うようにする」という4つの視点でロイロノートのXチャートに分類しました（図4）。

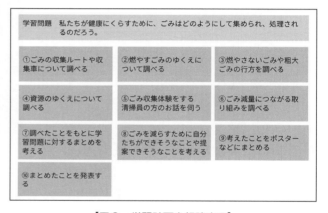

【図3　学習計画を相談する】

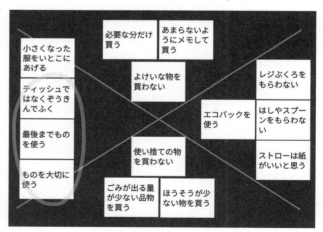

【図4　Xチャートで分類する】

❷自分たちができることは何だろう？

　伝えることの中心を何にするか絞り込む話し合いの中で，最初はエコバックを使う，買い過ぎないようにする，簡易包装の物を選ぶといった，買い物の場面に目が向けられていました。話し合いが進む中で，校内に掲示するのだから買い物の場面よりも「小学生でもできることを伝えるのがいいのではないか」という議論になり，「物を大切に使う」を中心にすることとなりました。

　中心が決まり，掲示物の作成に取りかかりました。Aグループは，これまでの学習で学んだことを盛り込んだ新聞で伝えようということになりました。東京で過去に起きたごみ問題や，世田谷区の分別方法，清掃作業員さんのお話，清掃工場での処理方法など，学習したことをふんだんに盛り込み，「物を大切に使おう」をまとめとして伝える新聞が出来上がりました。

❸相手を意識して伝え方を工夫する

　その後，学級で発表会を開き，各グループの表現を見合いました。Aグループの新聞は，「学習したことの流れがよくわかる」「いろいろな情報が細かくまとめられている」という肯定的な意見が集まった一方，「文字が多いから立ち止まって読んでもらえないのではないか」「低学年は読まないと思う」「物を大切に使うためにどうすればいいのかを書いた方がいいのでは」という意見も寄せられました。

　そこで，Aグループは「パッと見て伝わるものにしたい」「わかりやすく作ってみんなに見てもらいたい」「見た人にメッセージが伝わってほしい」という思いから，どう伝えるのか，何を伝えるのかをもう一度議論しました。その結果，「学校の落とし物置き場にたくさんの落とし物があるから，物を大切に使うことが一番に伝わるようにしたい」「えんぴつやクレヨンをなるべく最後まで使うようにしているから，そのことをみんなにも伝えたい」「自分はティッシュをいつも気軽にたくさん使ってしまっているからみんなもそうかもしれない」「写真を使ったポスターにすれば，パッと見て伝わるし，低学年でもわかるものになるのではないか」という考えに至りました。ポスターの構成を考える中で，「街に貼ってあるポスターにはあまり字が書かれていない」「シンプルな写真と短いメッセージにした方が伝わるのではないか」という話でまとまり，伝えることを絞った2枚のポスターが出来上がりました（図5）。

【図5　Aグループが制作したポスター】

3 評価・ふりかえり

❶評価

　思考では，学習したことをもとにしながら問いを見いだし，廃棄物の減量化や再利用のために自分たちができそうなことを具体的に考えることができたかを評価しました。表現では，伝える内容を選択・判断して，より良い表現方法やことばを使って表しているかを評価しました。

　Ａグループは，編集→発信→編集と行き来しながら，自分たちができそうなことをベースにして，より良い表現方法を目指して議論を重ねました。その結果，元の案から再検討した表現方法でポスターを作成しました。ポスターの内容をどうするかについても議論を重ねました。これらのことからルーブリックと照らし合わせ，ポスターの提案性からもＳ評価が妥当であると考えました。社会科のねらいについては，毎時間のふりかえりと学習問題に対する自分のまとめから評価を行いました。

❷子どもたちのふりかえり

　子どもたちからは，今回のプロジェクトを通して大きく３つのふりかえりがありました。１つは身近なごみについて理解が深まったということ，もう１つはごみの減量化や再利用をもっと意識して生活したいということ，そして，学習したことを表現することについてです。ここでは主に３つめについて紹介していきます。

・じっくり読んでもらうなら新聞がいいけど，すぐに伝わって，みんなに見てもらうならポスターの方がいいと思った。

・新聞にもポスターにも良さがあるから，なにを伝えたいかで伝え方を考えていけばいいとわかった。

・作ったポスターを見て，自分もやろうと思ってくれる人がいたらうれしい。またこの学習をやってみたいと思った。

・実際に見る人がいるから，どんな内容なら見てもらえるのかをみんなで考えた。最初は買い物の時どうすればいいかグループで考えていたけれど，小学生にでもできることと考えたらすっきりまとまった。

・おうちの人や街の人がごみ問題をどう思っているのかとても気になった。他の学習でも自分たちができそうなことを考え，周りの人に伝えたいと思った。今度は動画でやってみたい。

❸教師のふりかえり

　この実践が子どもたちにとって初めてのプロジェクトへの取組でした。いつもの学習の流れに，発信する場面が加わると伝えました。ベースとしていつも行っている問題解決型の学習があるため，見通しを持って取り組んでいくことができました。また，発信することにワクワクしている子どもも多くいました。

学習を進めるにあたり，まずは，ごみの処理や再利用に関して，学習問題を解決しながら，知識を身につけさせる必要があります。調査・体験を大切にしながら取り組むことで，自分事としてごみ問題をとらえ，自分たちにはどんなことができそうか，具体的に考えることができるようになり，探究に対する主体性を引き出すことができました。考えたことや作成したものを学級内で発表したり，交流したりする経験は幾度もありましたが，学級の外にもその場があることは初めてで，このことも探究につながりました。表現するにあたって，「何を伝えたらいいのか」「何を伝えるべきなのか」をどのグループも相手意識を持って議論していました。このことはプロジェクトの成果であると言えます。

　また，「何を伝えたらいいのか」考えていく中で，
「おうちの人はごみ問題についてどのくらい知っているのか」
「おうちの人はごみが減るように何か工夫しているのか」
「学校ではどんな工夫がされているのか」
「街ではどうなっているのか」
「みんなは再利用を意識しているのか」
と，自分たちが学習したことに対して，家庭や学校，社会ではどのような認識であるのか知りたいと思った子どももたくさんいました。子どもたちは実際に私にもたくさん上記の質問をしてきましたし，家庭や校内でもたくさん質問をして，疑問を解決してきたようです。この点も，社会的事象の見方・考え方を働かせ，主体的に学習の問題を解決しようとする態度が養われた結果ではないかと考えます。

　当初のデザインでは，表現方法として，ポスターや新聞，スライド，動画などデジタル，アナログに関わらず，幅を広く持たせ，チャレンジさせてみようと考えていました。各グループがさまざまな方法で表現するだろうと予想していましたが，すべてのグループが新聞やポスターで伝える方法をとりました。これは，スライドや動画の作成について経験が浅かったためだと考えられます。iPad の Clips を使ってショート動画を作ってみよう，などの活動は経験がありましたが，学習の場面とはあまりつながらなかったようです。動画の作成方法について，プロジェクトの前に詳しく学習して見通しを持たせておけば，少しちがった結果になっていたのではないかと考えています。この部分は次のプロジェクトで改善することができるように，準備をしていきたいと考えています。

（鈴木裕介）

4 4年・体育・学級活動「リズムダンス」

【情報活用型プロジェクト学習　単元デザインシート】

ア．学年・教科：**4年・体育・学級活動**

ウ．プロジェクトのミッション 　**ダンスの魅力を伝えよう**

単元目標
・知識及び技能　　　　　　　：軽快なリズムに乗って全身で踊ることができる。
・思考力，判断力，表現力等：自己の能力に適した課題を見つけ，題材やリズムの特徴をとらえた踊り方や交流の仕
・学びに向かう力，人間性等：運動に進んで取り組もうとし，誰とでも仲良く踊ろうとしていたり，友だちの動きや

オ．収集「ダンスについて知ろう（いろんなステップを知ろう）」			カ．編集「曲に合わせた動きう」	
　収集 **a. 課題づくり** ダンスの体験 ダンスの魅力を伝える	　収集 **i. 映像** YouTubeのダンス動画・先生のお手本 ダンス，基本動作	　収集 **i. 映像** 動画共有アプリによるダンスの先生からのフィードバック・担任からのコメント	　編集（整理・分析） **j. 集約** 調べてわかったダンスの動き 曲のリズムに合っているか	　編集（整理・分析） **n. 創造** 調べてわかったダンスの動き ダンスの動きの組合せ

ク．情報活用能力（○この単元で育成したい　□この単元で発揮してほしい）

□ YouTubeでお手本となるダンス動画を探すことができる（A3L1） ○ゲストティーチャーのお手本やYouTubeの参考動画から必要な動作を選ぶ（B1L1）	□グループごとに共同編集できるアプリを活用して，発 ○動作を組み合わせて曲に合ったダ

ケ．授業展開・教師の手立て

・ゲストティーチャーからダンスを教わり，ダンスについて知る（体）①⑩ ・ダンスを体験して感じたことを伝える（広める）というミッションを示し，伝える対象やその方法について児童と検討する（学）②③⑤⑦ ・Google Classroomで共有したゲストティーチャーのお手本動画を見たり，YouTube等で参考動画を検索したりする。また，グループでダンスの得意な友だちの動作を撮影して，参考動画とする④⑪⑬⑭ 　　　　　体育（　1　）時間・学級活動（　1　）時間	・グループごとに「学習計意し，練習計画や1時間ごったりする（体）⑲㉘ ・Google Jamboardを活話し合ったり，可視化したり ・Flipgridでその日のダン任やゲストティーチャーから り，友だちと感想をコメント ・撮影した動画を中心素材と 伝えるプロモーション動画を 　　　　体育（　4　）時

ルーブリック	S	A
思考 （内容）	ダンスの良さや感じたことを具体的に考えるだけでなく，見てくれた人がダンスをしてみたくなる話題も考えている。	ダンスの良さや感じたことについて理由を入れながら具体的に考えている。
表現 （見た目）	・各種情報をもとに，ゲストティーチャーから教わったこと以外の動きも取り入れ，チームでフォーメーションを変えながら踊っている。 ・ダンスの良さや感じたこと伝えるだけでなく，見てくれた人がダンスをしてみたくなるような編集の工夫がある。	・正しくリズムに乗ったり，決めた動きの組合せで踊ったりしている。 ・ダンスの良さや感じたことを伝えるための編集の工夫（構成・カット割り・テロップ，BGMなど）がある動画

イ．単元名：「リズムダンス」

エ．期待する成果物
　チームで作成するダンスの魅力を伝える動画

方を工夫しているとともに，考えたことを友だちに伝えることができる。
考えを認めようとしていたり，場の安全に気をつけたりしようとする。

を組み合わせたダンスをしよ	キ．発信「ダンスの楽しさを伝えよう」

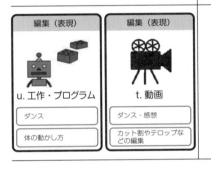

編集（表現） u. 工作・プログラム	編集（表現） t. 動画
ダンス	ダンス・感想
体の動かし方	カット割やテロップなどの編集

発信 x. 展示・公開	発信 z. ふりかえり
家族・他の学年	視聴者へのアンケート
端末持ち帰り，校内放送	ダンスの魅力が伝わったか

表会までの学習計画を立てることができる(A2L3, B7L2)
ンスを表現する（C1L2）

□視聴者に回答してもらう質問の内容を考える（A6L1）
○視聴者からのアンケートをもとにして，意図した内容が伝わったかふりかえり，次の学びにつなげる(B8L2)

画・ふりかえりシート」を用
のめあてを立てたり，振り返

用して動きの組合せについて
する（体）⑳㉒㉘
スの出来を動画で共有し，担
のフィードバックをもらった
し合ったりする（体）⑲⑳㉔
して，ダンスで感じたことを
作成する（学）⑱㉒㉚
間・学級活動（　1　）時間

・動画は校内放送で流したり，児童が端末を家庭に持ち帰って家族に見せたりする㉟㊱
・視聴者に意図した内容が伝わったか知るためにアンケートを行い，「学習計画・ふりかえりシート」で単元の学びを振り返る㊲㊺

学級活動（　1　）時間

B	C
ダンスの良さや感じたことについて具体的に考えることができない。	ダンスの良さや感じたことをことばにすることができない。
・リズムに乗れるが，班で決めた動きの組合せで踊れない。 ・テロップを入れるなどの編集はできたが，ダンスの良さや感じたことが伝わるような内容は含まれない動画	・リズムに乗れず，ダンスを踊ることができない。 ・素材をつないだだけで工夫がない動画

1 ステップアップポイント

❶主体的な学び～学びの責任を移行する単元づくり

　プロジェクト全8時間（体育5時間，学級活動3時間）のうち，導入時は学びの責任が私（教員）に，その後は児童に学びの責任が移行するように意識した授業デザインにしました。その中でも，児童が決める場面を多くすることで，学びを自分事としてとらえられるようにしました。また，児童の主体的な学びを支えるために，ICTの活用は欠かせませんでした。

・導入時（収集）

　学習の導入で「できそう」や「楽しそう」と思えることが，主体的に学んでいくための足場掛けになると考えました。1時間目は，お招きしたダンスインストラクター（ゲストティーチャーの沼田紗奈さん）に初めてでもできる基本的な動作を教えていただき，児童は「できた」や「楽しかった」を体験しました。その後に行った学級活動の1時間目では，私から提案した「みんなで4－1の学びを発信しよう」というお題の下に，話し合い活動を通して体育科での学びを動画で発信するミッションや，関連するルーブリックを児童といっしょに設定しました。

・発表会までの練習（収集・編集）

　発表会までの学習（2～4時間目）は，①ウォーミングアップ（体操，さまざまな曲調に合わせて自由に踊る），②練習計画やめあての確認，ダンスの練習，③ふりかえり，という流れだけを全体で統一し，その内容はすべてチームごとに考えて学習を進めることにしました。

　②の活動では，毎時間，チームごとに練習計画を立てたり，共通のめあてを設定したりしました（図1）。私から最終授業までの学習の目安をはじめに示すことで，児童は見通しを持って，発表会までの計画を立てたり，調整したりすることができていたようです。練習計画やめあて，ふりかえりを記録する際には，共同編集可能な表計算アプリで作成した「学習シート」を活用しました。児童と教員の間でリアルタイムに情報を共有することができるので，計画や練習内容に修正を促したい時には，アプリのコメント機能や口頭でアドバイスをしました。

　ダンスでは，まずは私が用意した7曲から選曲することからスタートしました。練習の際は，ゲストティーチャーのお手本動画やYouTubeにあるダンス動画などを自由に参照して情報を集め，対話しながら振り付けを考えていくことを推奨しました。また，練習中に動画を撮って動作を確認することは，自分たちで評価しながらより良い振り付けにしていくことにつながっていました。

　次に，ダンスの出来は，毎時間動画共有アプリに投稿して学級やゲストティーチャーと共有することにしました。投稿した動画には児童同士でコメントし合って，互

【図1　チームの学習のめあてを設定する】

いのダンスの良いところを評価しました。また，ゲストティーチャーにも参加していただくことで，私を介さずとも児童が直接コンタクトを取りながら修正点を教えていただいたり，質問に答えていただいたりしていました。

・発表会の運営（編集）

体育5時間目のダンス発表会の運営はすべて児童が行いました。事前に有志の発表会プロジェクトチームを作り，児童が自ら内容や役割等を発案したり，運営したりしました。ここでは，Google ドキュメントで司会原稿や役割のメモを共有して，準備を進めていました。また，発表会中に感想を集めるための Form や回答結果を閲覧するためのスプレッドシートも児童の発案で準備され，学級で共有して活用されていました。

❷学習環境〜子どもたちが使いたい ICT の選択と蓄積・共有する ICT の共通化

本校は児童一人ひとりに iPad と Google Workspace for Education のアカウントが整備されています。学習の目的を達成するための範疇であれば，端末を自由に活用するように児童に促しています。先述した主体的な学びや協働的な学びを支えるために，カメラで動作を記録することはもちろん，主に次のアプリを活用して学習を進めました。

・Google スプレッドシート

共同編集可能な表計算アプリです。チームごとの「学習シート」（図2）を作成して共有し，学習の計画やめあてを立てたり，個人ごとにふりかえりを行ったりしました。チームでファイルを共有しているので，誰かが入力したものが全員に反映されます。また，チームのメンバーのふりかえりも同じシートで参照することができるので，児童は互いの状況を把握しながら学習を進めることができていました。

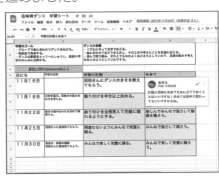

【図2　学習シートの共有】

・Google Jamboard

共同編集可能なホワイトボードアプリです。チームごとにボードを作成しました。使い方は自由で，ダンスをより良くするために必要なことを記録したり，チームで情報共有したりするために活用することを児童と確認しました。使い方を見ると，そのほとんどは振り付けの検討過程で活用されており，一部ではチームの課題を記入しておき，学習のめあてとして活かしているチームもありました。

・Flipgrid

Microsoft 社が提供する動画共有アプリで，Google

【図3　ゲストティーチャーとの Flipgrid でのやりとりの様子】

アカウントでシングルサインオンが可能です。授業ごとにトピック（部屋）を作成し，動画を撮影して投稿します（図３）。投稿した動画に対して文字だけでなく動画でコメントすることもできます。体育の授業時間にとらわれずに交流することができるので，児童は時間がある時に他のチームやゲストティーチャーなどの学校外の方との交流も容易に行うことができます。

・文字入力

　文字はキーボード入力だけでなく，音声入力も有効でした。体育館はタイピングしやすい場所が少ないことに加えて，特に技能が未熟な児童は文字入力に時間がかかることがあります。音声入力であれば，場所やタイピング技能に関係なく，迅速に入力することができるので，運動時間の制約を受けることがありませんでした。児童は場面に合わせて，２つの入力方法を適宜選択していました。

2　探究ストーリー

　全部で６グループありましたが，その中の１つのグループの探究の様子について紹介します。このグループは女子４人，男子２人の構成です。事前の様子として，女子４人（Mine，Kano，Aya，Koko）はダンスをすることが好きでワクワクしている一方で，男子２人（Ree，Rin）はうまくダンスをすることができるか心配で，不安を吐露していました。

❶ゲストティーチャーから型を学ぶ

　ゲストティーチャーからダンスの基本を教えていただく時間です。６人はダンス（ヒップ・ホップ）に本格的に取り組むことは初めてでした。全員が真剣な眼差しでゲストティーチャーの教えを「ダウン」や「スライド」，「クロス」などの動作と用語を楽しみながら覚えていました。例の男子２人もダンスを学習する意欲が高まったようで，Ree「難しかったけれどうまくできた。」，Rin「ダンスができるようになった。次も頑張りたい。」という感想を記述していました。

❷グループで振り付けを検討する

　ダンスに使用する曲は休み時間に集まって検討し，既に決めていたようでした。学習のめあては「振り付けを半分以上決める」と設定してダンスの練習をはじめていました。練習中はお手本動画やYouTubeを何度も参照して検討していた他，チアダンスを習っているMineとKanoがそこで経験したステップを提案していました（図４）。決まった動作は誰かがJamboardに付せんで記録しており，その順番を何度も入れ替えて，振り付けを決めようとしているようでした。この日できたダンスをFlipgridに投稿したところ，早速，ゲストティーチャーから動作の修正点についてコメントや動画で具体的にアドバイスをもらっていました。や

【図４　曲に合った振り付けを考える】

りとりがいくつか続き，意欲溢れる子どもたちは，「やった方がいいことをもっと教えてください。」とさらにアドバイスを求め，それに対して，「手が少しぷらぷらしてるから，ピンと伸ばして踊れるように練習してね。」という細かい部分の修正点まで教えてもらっていました。

❸フィードバックが学びの質を高める

Flipgrid にもらったフィードバックをもとに，「ダンスの振り付けを完成させて覚える」ことをめあてとして設定していました。女子4人が中心となって休み時間や家庭でも振り付けを考えてきており，男子の技能を考慮しながら，みんなができる振り付けを考えていると話していました。お互いに見合ったり，動画を確認したりしながら，振り付けが完成しました。この時間には全員が

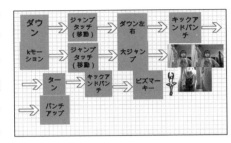

【図5　Jamboardに記録されたダンスの手順】

大まかな動きを覚えたようです。Jamboard にはダンスの手順が記録されていましたが（図5），それだけだと動きまでしっかりと共有されないと考えた Mine は，この学習のあとにすべてを通しで踊った動画を準備し，メンバーに AirDrop を使って配付していました。そして，それぞれで練習することを約束していました。

❹発表会に向けたブラッシュアップ

この日は2回目のゲストティーチャー来校日だったため，直接アドバイスをもらえることを楽しみにしている様子でした。次回が発表会ということもあって，めあては「間違えずに完璧に踊ろう」と設定していました。Flipgrid でのやりとりを踏まえて完成させたダンスは，ゲストティーチャーに褒められている部分が多くありました。また，さらにダンスをブラッシュアップさせるためのステップも教えてもらい，すぐに取り入れることができていました。この日の6人のふりかえりからは，発表会への意欲を感じることができました。

❺発表会

4時間目のあとからも6人は休み時間や放課後を使って練習を行っていました。発表会当日，めあては「みんなで楽しく完璧に踊ろう」と設定していました。この日は Aya が体調不良で欠席してしまいましたが，事前の練習時間に臨機応変にフォーメーションを修正して，発表することができていました（図6）。友だちから称賛するコメントがたくさん届き，6人は達成感に満ちている様子でした。

【図6　ダンス発表会】

【図7　ダンスの魅力を語る動画】

❻ダンスの魅力を伝える動画の作成と発信

　発表会後の学級活動の時間に iMovie を活用してミッションである「ダンスの魅力を伝える動画」作りを行いました（図7）。動画の構成は①ダンス，②ダンスの魅力を伝える内容，の2点を必ず入れることにし，対象は家族と3年生（3クラス）としました。6人で撮影，編集などの役割を分担し，テロップや BGM などを工夫した動画を完成させました。完成した動画を見ると，6人はこれまでの学習を通じてさまざまなダンスの魅力に気づいており，一人ひとりがそれを語っている様子が収められていました。

3　評価・ふりかえり

❶評価

　グループごとに作成した成果物である「ダンスの魅力を伝える動画」についてルーブリックをもとに評価しました。グループの中でも児童によって評価が分かれますが，評価の人数の多さでグループ全体の評価とするならば，次のような結果になりました。「思考」ではA評価が4つ，B評価が2つでした。「表現」ではS評価が1つ，A評価が5つでした。すべてのグループが思考も表現もA評価以上を目指していましたが，限られた短い時間の中では作り上げることが難しかったグループがありました。

　体育科におけるリズムダンスとしての3観点の評価は次のように行いました。

【知識・技能】………………………授業中の観察，Flipgrid に投稿された動画
【思考・判断・表現】………………授業中の観察，学習カードの記述
【主体的に学習に取り組む態度】…授業中の観察，学習カードの記述

　児童が学習内容を考えて主体的に活動することは，それぞれで課題や学習活動が異なってくることがあります。その場合，担任が授業中の観察（見取り）だけで児童の様子を把握することは難しいと感じます。しかし，ICT を活用して動画や学習シートといった学習記録を共有することで，担任がその情報を加味して形成的な評価や総括的な評価を行うことができました。さらに，児童同士で学習記録を共有することで，児童間で評価し合って，学び合うことも起こりました。

❷子どもたちのふりかえり

・S評価は取れないけれど，うまく，楽しく踊れてよかったです。これからの学習でもダンスや動画の編集を活かせると，とても楽しくなるなと思っています。

・ダンスは苦手だと思っていたけれど，やってみると楽しいし，うまくできたと思う。動画も思っていたよりもうまく作れて，魅力が伝えられた。

・ダンスの魅力を伝えることはとても難しいと思っていたけれど，やってみると，たくさん魅力を見つけて，動画にすることができました。

・自分たちでめあてを決めたり，ダンスを考えたりするのは面白かった。またチームでやって

みたい。

【動画の視聴者からの感想】

3年生児童から

・この動画を見て，私も踊りたくなりました。早く4年生になってやりたいです。

・ダンスを見ているこっちは楽しくなったし，踊っているみなさんは気持ち良さそうでした。

・4年生のみなさんのアイデアとダンスの魅力がいっぱいで，私も踊ってみたくなりました。

保護者から

・ダンスを見ているこっちまで楽しくなりました。動画にはダンスの魅力がいっぱい詰まっていました。

・一人ひとりのコメントから，ダンスの楽しさが伝わってきました。

・動画の編集が良く，ダンスも楽しそうにしていたので，魅力が伝わってきました。

❸教師のふりかえり

　一貫して，児童が主体的に学習できる授業デザインを心がけました。特に，「私（教員）にしかできないこと」と「児童でもできること」で活動内容を線引きし，「児童でもできること」はすべて児童に決めさせたり，準備させたりしました。今回，私にしかできないことはゲストティーチャーを呼ぶことや単元の学習の目安を示すこと，ICT環境を整えることくらいだったと思います。

　私自身はダンスが得意というわけではないので，子どもたちにはゲストティーチャーからのアドバイスを繰り返し伝えたり，「リズムに合わせて身体を大きく動かそう」という声かけをしたりすることがほとんどでした。ICTを活用して専門家と児童をつなぐことは，知的好奇心を高め，学びを深めていく効果が高いものだと感じました。人材とのコネクションに課題はありますが，他の単元や教科でもこのような方策を取り入れ，児童主体の授業デザインを考えていきたいと思います。

　この学習が終わったあとに，児童数人から新しいプロジェクトをはじめたいと相談を受けました。それは，「クラス全員でゲストティーチャーへ感謝を伝える」というものです。学級全体でこの提案について確認すると，全員が快諾して，プロジェクトがスタートしました。すぐに中心となる10人程が集まって内容の検討がはじまり，全員でお返しのダンスを踊ることに決定しました。さらにプロジェクトを進めていく中で，以前学習に使ったmicro:bit（プログラミング教材）を衣服に身につけ，LEDを光らせて踊るという提案も出されて，それも実行されました。この間に私が行ったことは動画の撮影と，ゲストティーチャーに完成した動画を送ることだけです。子どもたちが今回のプロジェクトで学んだことをすぐに発揮しようとしたことに，私は非常にうれしい気持ちになりましたし，子どもたちに問題発見・解決といった未知の状況にも対応できる資質・能力が高まってきていることを感じました。　　　　（金　洋太）

5　5年・算数「帯グラフと円グラフ」

【情報活用型プロジェクト学習　単元デザインシート】

ア．学年・教科：**5年・算数**

ウ．プロジェクトのミッション

あいさついっぱいの学校にしよう

単元目標
・知識及び技能　　　　　　：円グラフや帯グラフの特徴と用い方，データの収集や適切な手法の選択などを理解し，
・思考力，判断力，表現力等：目的に応じてデータを集めて分類整理し，データの特徴や傾向に着目し，問題を解決
・学びに向かう力，人間性等：数学の良さに気づき学習したことを今後の生活や学習に活用しようとする。

オ．収集「なぜ，こんなにちがうのだろうか」　　　　　**カ．編集「ちがいの原因を探**

収集	収集	収集	収集	編集（表現）	編集（整理・分析）
				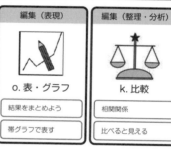	
h. 統計資料	a. 課題づくり	d. アンケート	d. アンケート	o. 表・グラフ	k. 比較
学校関係者評価の結果	あいさつはしているのに，なぜだろう	先生に聞いてみる	全校の子どもたちにも聞いてみる	結果をまとめよう	相関関係
ちがいを読み取ろう	ちがう原因を知りたい	どんなところができていないの？	あいさつはできているか	帯グラフで表す	比べると見える

ク．情報活用能力（○この単元で育成したい　□この単元で発揮してほしい）

□複数の情報から共通・相違点を見つけられる（B2L2）　　　　□データの変化をとらえて説明でき
○情報を読み取り，課題を見いだす（B2L2）　　　　　　　　　○複数の情報から傾向を見つける

ケ．授業展開・教師の手立て

・昨年度の学校関係者評価の1つの項目の結果（児童，保護者，教職員）を用いて本校の現状を知り，今後の計画を見通す①
・本校の現状を具体的に知るための計画を立てる②
・知りたい情報を得るために，教職員にアンケート調査をする計画を立てる④
・教職員の分析から見えてきた傾向をもとに，子どもにアンケート調査をする計画を立てる④

（　2　）時間

・教職員へのアンケート結果
・子どもへのアンケート結果
・さらに詳しく分析するため別，男女別等で傾向を明らか
・分析結果をもとに，誰に向らよいか考える㉒㉓

ルーブリック	S	A
思考 （内容）	目的に応じてデータを集めたり，グラフにして分析したりすることを通して，本校のあいさつの現状を知り，課題改善ができる活動を具体的に考えることができている。	目的に応じてデータを集めたり，グラフにして分析したりすることを通して，友だちの発言を参考に課題改善ができる活動を考えることができている。
表現 （見た目）	あいさつが活発になる活動を提案し，自ら率先して活動している。	あいさつが活発になる活動を提案している。

イ．単元名：「帯グラフと円グラフ」

エ．期待する成果物
　あいさつが盛んになる活動を考えて実行する

統計的な問題解決をする。
するために適切なグラフを選択して判断し，その結論について多面的にとらえる。

ろう」	キ．発信「あいさつを増やそう」

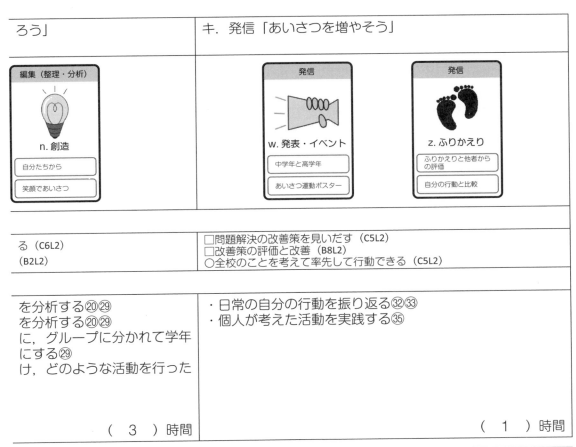

る（C6L2） （B2L2）	□問題解決の改善策を見いだす（C5L2） □改善策の評価と改善（B8L2） ○全校のことを考えて率先して行動できる（C5L2）
を分析する⑳㉙ を分析する⑳㉙ に，グループに分かれて学年 にする㉙ け，どのような活動を行った	・日常の自分の行動を振り返る㉜㉝ ・個人が考えた活動を実践する㉟
（　３　）時間	（　１　）時間

B	C
集めたデータから，自分ができることを考えることができている。	グラフから情報を読み取ることができていない。
友だちの考えをもとに，活動を考えている。	あいさつが活発になる活動を提案しているが，相手の立場を考えていない。

1 ステップアップポイント

本校は全学年単学級の小規模校で，他学年とも仲が良く，アットホームな雰囲気のある学校です。そんな学校だからか，ここ数年あいさつができないことが教職員や保護者から課題に挙がってきていました。教員側からも，児童会側からもあいさつを増やすいくつか活動を行ったのですが，なかなか成果が表れない実状がありました。

教科は算数科と特別活動で行いました。特別活動が基本ですが，アンケートの結果をグラフにしたり，グラフを分析したりする活動は算数科でというように教科横断で行いました。

算数科では，「データの活用」の領域が新設されました。統計的な問題解決活動においては，「問題－計画－データ－分析－結論」（ＰＰＤＡＣサイクル）という統計的探究プロセスを活用しました。統計的探究プロセスとは，設定した問題に対して集めるべきデータと集め方を考え，実際に集めたデータを，表などに整理したりグラフにまとめたりして特徴や傾向を把握して結論を導き出すという一連のプロセスです（渡辺，2017）[1]。この実践でもそうですが，結論を出して終わりではなく，実際に行動に移してみると新たな問題に気づきます。その場合はもう一度このプロセスを繰り返していくことになります。

❶主体的な学び〜自分事にするミッションの投げかけ

本実践は，子どもが個人で活動する場面，グループで活動する場面，学級全体で活動する場面，学級の中の数名が代表して行う場面とさまざまな形態をとりながら学習を進めていきました。これは，自分の考えを持つことを大切にしたい，その上でさらに考えを広げたり，深めたりしてほしいという願いからです。

まず，はじめに提示した資料は前年度の学校関係者評価の結果の一部です。児童・保護者・教職員のあいさつに関わる比較帯グラフを提示しました。

児童の結果，保護者の結果，教職員の結果の３つの帯グラフを順に提示し，グラフを読み取りながら学習を進めます（図１）。結果のちがいを読み取ることはできますが，これが「同じ質問に対する結果」であることを知り，それが「あいさつ」に関わるものだとわかると問題意識が生まれます。そして，そこに「もうすぐ最高学年になる５年生の力を貸して

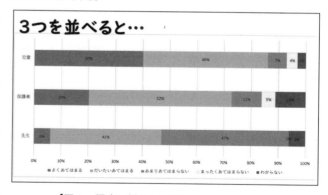

【図１　児童に提示した学校関係者評価結果】

▶参考文献
1　渡辺美智子監修　青山和裕　川上貴　山口和範　渡辺美智子（2017）親子で学ぶ！統計学はじめて図鑑，日本図書センター

ほしい」と担任から投げかけ，さらに子どもたちの意識が高まりました。このように子どもたちの生活に関わる部分のデータを活用したこと，さらには，自分たちで解決策を考え，行動していくことが学校全体の問題の解決へとつながることが子どもたちの探究を深めていきました。一人ひとりがプロジェクトの主役になることが最高学年への意識を高めることへとつながっていきました。

❷学習環境～試行錯誤の時間をつくるICTの役割

本実践では，1人1台の端末で，Google Workspaceを中心に活用しました。また，グラフを個人で作成する際にはMicrosoft Excelを活用しました。

ICT活用の1つはアンケートです。学習の過程では，アンケートは従来のようにアンケート用紙を作成し，それを印刷し，集計する方法を選択していた子どもたちですが，そこはオンラインの活用を担任から助言しました。今回の助言は，オンライン形式，印刷形式ともに子どもとともに利点や欠点を挙げるようにして行いました。最終的な判断は子どもに任せたかったからです。利点や欠点を理解した上で，子どもたちが選択したのはオンライン形式でした。Googleフォームを使って教職員用，全校児童用アンケートを作成しました（図2）。個人に与えられたアカウントでGoogleフォームを作成すると全員が結果を共有できないことになるので，今回は使用していないアカウントをプロジェクト用アカウントとして借り学級の代表者が行いました。

2つめの活用はアンケートの分析です。アンケートの結果は一度担任が分析しやすいように編集し，子どもたちへ1つのファイルにして配信するようにしました。教職員向けの自由記述の回答はファイル配信と同時にプリントにして用意し，どちらでも選択できるようにしました。配信したファイルはそれぞれのドライブに保存され，子どもたちが自由に分析することができます。今回はMicrosoft Excelを活用し，グラフの作成の仕方を教えました。その後は子どもたちが自分で分析しやすいようにしていました。学年ごとの特徴を見たり，男女別の比較をしたり，低・中・高学年ごとに分けたり，子ども一人ひとりがいろいろな視点で

【図2　全校児童用Googleフォーム】

分析しました。Google Jamboardを活用し分析する姿も見られました。それぞれが分析した結果や，考えたことをもとにグループや学級で共有することでさまざまな気づきが見られました。

1つのグラフから読み取るだけでなく，複数のグラフを比べながら，統計的な問題解決ができるようになることをねらいとしました。

2　探究ストーリー

　本実践のミッションは「一日小をあいさついっぱいの学校にしよう」です。あと数か月で最高学年となる5年生に「あいさつの課題を解決して一日小をよりよくしてもらいたい」というプロジェクトとして本実践を行いました。2人の子どもの様子を中心に実践を紹介します。

【図3　一人で考える時間】

❶グラフから現状を知る

　昨年度の学校関係者評価の結果の一部をグラフにしたものを見て，「よくあてはまるが減っていっているな。」「児童の目線だと90%に近い人があてはまるなのに，先生になると50%にも届いていないな。」などと気づきを挙げました（図3）。グラフの読み取りが済むと「子どもたちはあいさつをしているつもりなのではないか」「自分たちはあいさつができていると思っているけれど，実際はあまりあいさつができていないのではないか」など結果から考えられることに目を向けていきました。

【図4　グループで考える時間】

　自分がグラフから読み取ったこと，結果から考えたこと，友だちと交流しながら考えたことなどから「あいさつの声が小さかったのかもしれないから，これからは大きな声であいさつしようと思いました。」「なぜ，こんな結果になるのか疑問に思ったので，他の学年の人が先生たちにあいさつをしているのか見てみようと思います。」などと，自分事としてとらえ，さらなる疑問から次の課題へとつなげていきました。

❷結果を分析するためのアンケート（1回目）

　なぜ，このような結果になったのか想像することはできるけれど，わからないことも多いので，調べなければならないことに気づいた子どもたちはアンケートを取ることにしました。『誰に』『どんなこと』を聞いたら自分たちの疑問が解消されていくのかを考え，アンケートを行う相手と，その行い方について検討しました。話し合いの結果，直接先生方にアンケートを取ることにしました。「4択にして答えてもらった方がいいのではないか」「あいさつをしてくれるのは何年生ですかと聞いたらいい」「学年のちがいがあるのか，個人のちがいなのかわからないので，この質問は難しいと思う」など，質問項目や，回答の仕方についてもじっくり話し合い合意形成していきました。

　「どんな質問で，どんな聞き方をするとあいさつしているのかがわかるのか考えることが難

しかった。」「４択の方が答えやすいと思うけど，意見を書いてもらわないとわからないこともある。結果が楽しみ。」と次時へつなげていきました。

❸先生のアンケート結果の分析

　多くの教職員がアンケートに協力してくれました。結果を分析すると，キーワードがたくさんあることに気づきました。あいさつする子どもはいつも同じ，低学年はあいさつをしてくれる，あいさつをしてくれる子どもは目が合う…。結果を分析すると「先生たちの求めるあいさつ」がどんなものなのかわかってきました。キーワードは『積極的に　目線を合わせて　笑顔で元気にあいさつ』。これができるようになると『よりよい一日小』になっていくこともわかってきました。

　すると，ある子どもがつぶやきました，「先生だけでなく，子どもたちにもアンケートをしてみるとわかることがあるかもしれないね。」

❹さらに分析を深めるアンケート（２回目）

　ある子どもの発言から，次なる課題解決へと進みました。今度は全校児童へ向けたアンケートです。全校児童へ向けたアンケートでは，学年に応じた聞き方をしないといけないことや，同じ質問をしないと結果を分析できないことに気づきました。また，記述式のアンケートを取り入れると低学年は入力が難しいのではないかと相手意識を持つこともできました。そこで，学級全体で何を聞くかの項目，その順序，回答の仕方を明らかにし，それをもとにグループごとに低・中・高学年用にそれぞれの文言を作成し，全校児童にアンケートをお願いすることにしました。

❺児童のアンケート結果の分析

　全校児童190名分のアンケート結果の分析を行いました。まずは，一人ひとりが全校の結果を報告しました。「自分からあいさつする人は少ないけれど，あいさつをされたら返す人はとても多い」「自分からあいさつをする人は少ないけれど，あいさつをしていないというわけではない」「あいさつをしないのは，お客さんの場合が一番多い」「学年ごと

【図5　みんなで共有】

に見るともっとちがうことがわかるはずだ」ということで，グループごとに担当を割り振り，みんなで分担して分析を行いました。複数のグラフを比較してみると，中学年からあいさつをする割合が減ってきていることや，男女差があることも読み取りました。担当する学年のみならず，読み取った傾向から分析した予想が合っているのか，他の学年の結果にまで広げて分析する様子も見られました。

　「低学年はいつも元気なあいさつをしている印象があった。今日，結果を分析してみてグラ

フからも良くあいさつをしていることがわかった。低学年と高学年の差が良くわかったので，高学年の意識が大切だということがわかった。」

「やはり，高学年が一番できていないことがわかった。これからは自分ももっと意識しないといけないと思った。全校が強制されずに，楽しくあいさつできるようにするにはどうしたらよいか考えたい。」

❻今できることを実践しよう

結果の分析から，本校の課題や，傾向が明らかになりました。分析結果を活かし，あいさつが続くためにはどうしたらよいのか個人で考え，実践することにしました。2人はそれぞれ次のような活動を計画しました。

【図6　あいさつ運動を実践する】

○玄関で，登校してくる人に「おはようございます」とあいさつする「あいさつ運動」を行いたい。前に代表委員会で行ったあいさつ運動では，あいさつを返してくれる人と返してくれない人がいたので，自分がみんなにあいさつしてもらえるようにこの運動を行いたい。

○廊下はみんなが通るところなので，そこに目立つように「あいさつしていますか」「あいさつしよう！」などと書いた大きなポスターを作る。目立つ場所で目立つように掲示すると，「あいさつしないと」という意識になると思う。

実際に，個人で計画したものを計画の系統の同じような子ども同士でグループを作り，それぞれの方法（ポスター，拡大掲示，お昼の校内放送を活用した呼びかけ，あいさつ運動等）を共同で実践しました。

3　評価・ふりかえり

❶評価

各時間のワークシートや，今できることの実践及びそれまでの計画等を総合して評価を行いました。算数科としての評価は，データの分析，データの特徴や傾向に着目できているかなど，ワークシートの記入や，発言等で評価をしていきました。本実践の最後の活動となる今できることの実践は計画の系統の同じような子ども同士でグループを作り活動を行ったので同じ成果物でも，子どもごとに評価は分かれました。それまでの学習を活かしながら，より良いものをみんなで創っていこうとしているグループは，学びをさらに深めていきました。それぞれのグループがどのように活動を行っていったのか様子を見取るとともに，ふりかえりを大切に行うようにしました。また，それぞれの課題を解決する際には，個人で考えたり，思考を整理したりする時間を設けるようにしました。

❷子どもたちのふりかえり

　子どもたちは，本実践を通してさまざまなことに気づき，学びを深めたり，自分の生活を振り返ったりしていきました。

・あいさつは，されるとうれしいし，あいさつをして返したり，返されたりすると自分も，相手もどちらも気持ち良くなる。これからは，元気よく笑顔で自分から積極的にあいさつをしていきたいです。

・あと少しで6年生になるので，自分からあいさつをしっかりして，下級生のお手本になれるようにしていきたいです。「いいあいさつ」を続けてできるようにしていきたいです。

・あいさつすると気持ち良くなることはわかったけれど，自分がきちんとできていなかったら意味がないと思いました。相手の目を見てあいさつすることを意識していこうと思います。

・低学年と高学年の差，男女の差もわかりました。全校がすぐにあいさつするのは大変な気がするけれど，少しずつ増やしていきたいと思いました。

・みんなが考えた方法で，全校のあいさつがもっと増えたらいいと思いました。ポスターのことばは，貼る場所と見る相手を思って考えたので，相手に伝わるといいと思います。

❸教師のふりかえり

　本実践では実際に子どもたちが「問題だ」ととらえたことからはじまりました。子どもたちの話し合いから教職員へのアンケート，全校児童へのアンケート，その結果を踏まえて実践へと進みました。子どもたちからの発信で行うこの活動は，子どもたちが主体的に学びを進めていくことができました。また，もうすぐ最高学年になるという時期に行えたことも成果の一つだと思います。

　教員が行ったことは，一番はじめに提示する題材の選別（問題の提示），教職員へアンケートのお願い，データの配信，少しのアドバイス等ごくわずかです。あとは，子どもたちがどのように進めていくのか見守りながら，学習を見取っていきました。

　本実践で，一番難しかったのはルーブリックの作成と，個の見取りです。子どもそれぞれが考えることが異なり，考えが多岐にわたるため，すべての子どもの考えを見取ることが難しかったです。それでも，子どもは自分の考えをもとに，友だちと考えを交流し合うことで，考えを広めていっている姿を見ることが，この学習の良さなのではないかと感じました。

　次の段階は「今できることを実践しよう」のふりかえりです。この実践で子どもたちが楽しくあいさつできるようになったのかどうかを評価し，新しい課題を発見し，どのようなデータを収集・分析し，改善策を見いだしていくのか楽しみです。ＰＰＤＡＣサイクルを回しながらより良い結果に結びつけていきます。

（葛城貴代）

2 中学校の情報活用型 PBL プラン

6　1年・国語「話題や展開をとらえて話し合おう」

【情報活用型プロジェクト学習　単元デザインシート】

ア．学年・教科：1年・国語

ウ．プロジェクトのミッション

地域の活性化のアイデアを観光協会の方に伝えよう

単元目標
・知識及び技能　　　　　　：意見の根拠など情報と情報との関係について理解することができる。
・思考力，判断力，表現力等：ことばが持つ価値に気づくとともに，話題や展開をとらえながら話し合い，互いの発
・学びに向かう力，人間性等：積極的に互いの発言を結びつけて考えをまとめ，見通しを持ってグループ・ディスカ

オ．収集「課題の情報を収集する」　　　　　　　　　　**カ．編集「課題について話し**

収集
a. 課題づくり
仁木町の今と未来
地域活性化のアイデアを伝えよう

収集
c. ウェブ
他の町の取組例や成功例の紹介
学校教育
生涯教育

編集（整理・分析）
j. 集約
グループ全員のアイデア
質の高い教育を提供するには？

編集（整理・分析）
l. 関連づけ
教育内容の充実
教育環境の充実
共通点と相違点

ク．情報活用能力（○この単元で育成したい　□この単元で発揮してほしい）

□信頼性のある情報を探す（B1L3）
○解決策を発想し，根拠を考える（B3L3）

□意見の共通点や相違点をも
○互いの意見を結びつけなが

ケ．授業展開・教師の手立て

・町の総合計画パンフレットを用いて，現状の問題点，町の弱みと強みを認識する①
・個人の興味関心に応じて，5つの課題別（A健康，B教育，C環境，D産業，E行政）にグループを作る⑦
・ウェブで地域活性化について情報を収集し，対策を考える⑫⑬
・アイデアは付せんに書き，根拠はタブレット上のカードに記入する⑤

（　2　）時間

・グループに分かれ，一人ずいたカードを用紙に貼り，カ㉕
・意見を結びつけて，グルー
・話し合いの流れと結論へ至
ゼンテーション資料を作成す
・発表内容を相互チェックす

ルーブリック	S	A
思考 （内容）	話題や展開をとらえながら話し合い，互いの発言を結びつけてより発展的な課題解決に向かうことができている。	複数ある発言の良い点を吟味して一つの意見に考えをまとめている。
表現 （見た目）	発信する相手への伝わり方を意識して話し合いの過程を明確に伝え，結論の必然性が示されるよう工夫している。	結論へ向けての話し合いの過程が明確に伝わるようにしている。

イ．単元名：「話題や展開をとらえて話し合おう」
エ．期待する成果物 　地域の方に，地域活性化に関する話し合いの結果を伝えるプレゼンテーション資料（タブレット端末）

言を結びつけて考えをまとめることができる。（話すこと・聞くこと）
ッションを行い，思いや考えを伝え合おうとする。

合い，結果をまとめる」	キ．発信「話し合いの結果を発表する」

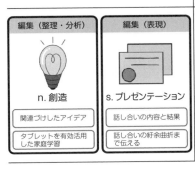

とにグループ分けをする（C2L3） ら意見をまとめる（C3L3）	□話し合いの結果を発表する（B5L3） 〇地域の方々に発表することを意識する（B6L3）
つ意見を出し合う。意見を書ードをグループ分けする⑳㉑ プとしての結論を出す⑭㉒った過程がわかるようにプレる⑱㉘㉚る㉓㉖ （　４　）時間	・クラス，観光案内所の方に向けて発表する㊱ ・グループごとに発表，質疑応答，評価を行う㊲㊴ ・一連の学習活動を振り返り，自己評価と単元全体のふりかえりを行う㉜㉝ （　１　）時間

B	C
複数の発言を結びつけて考えている。	自分の意見を主張し，班員それぞれの発言を聞き取っている。
結論に至った理由が明確でないが，話し合いの過程を示している。	話し合いの過程に至った理由が伝わらないが，個々の意見を網羅している。

1　ステップアップポイント

❶教科横断～国語科で学び方を身につけ，総合的な学習の時間に活かす

　ミッション「地域の活性化のアイデアを観光協会の方に伝えよう」は，国語的な観点から言語活動の基本的な知識及び技能を習得し，地域の大人といっしょに町民としてより良い町の未来を創造する総合的な学習の時間と相互に影響し合うことを視野に入れて指導しました。

　国語科や総合的な学習の時間だけでなく，さまざまな教科での学び方を活用することで，学びを人生や社会に生かそうとする学びに向かう力・人間性等の涵養につながると考えます。たとえば，情報を収集する中でのグラフの読み取りは数学科の知識。資料のレイアウト（編集）には美術的感性。発信場面でのタブレット端末の使用方法やルールは技術分野で学んだことが土台として活きています。話し合いに社会科の知識が重要な役割を果たした場面もありました。

　令和３年度後期学校評価生徒アンケートの「授業で学んだことを日常生活に生かそうと考えることができる」という設問において，１年生の生徒の肯定的回答の割合は100%にのぼりました（図１）。この数値は，前期の同設問の肯定的回答80.0%から向上しています。ミッションを実現したいという願いを持ち，情報の「収集」「編集」「発信」の流れを実践する中で知識や技能を身につけたこと，協働して新たな価値を発見した達成感，学びを活かす楽しさを実感してもらえた成果です。

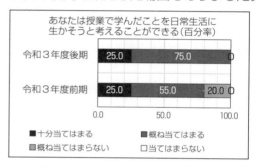

【図１　学校評価アンケート（一部）】

　３年生は総合的な学習の時間で，より積極的に地域社会に参画する取組を行いました（図２）。

　本校の総合的な学習の時間の目標は「『仁で生きる』を３年間のテーマに据え，地域の現状や課題，都市部とのつながりを考え，探究的な見方・考え方を働かせ，総合的な学習を通して，目的や根拠を明

【図２　３年生の発表を１年生が参観】

らかにしながら課題を解決し，仁木と関わりながら生きる，自己の生き方について考えることができるようにする」です。

　地域活性化を題材にフィールドワーク，地域資源の有効活用の企画などを行い，その成果を町長や議会議員へ発信しました。間近で見た先輩の姿を目標に，学んだ知識を「教科」という狭い範囲にとどめるのではなく他教科や日常生活での問題発見・解決に活かしていく中で，より良い未来を創造する力を高めていってほしいと考えています。

❷学習環境～情報の収集・編集・発信を支える ICT

　GIGA スクール構想により本校では令和２年９月に１人１台端末 iPad の配備，各教室に大型 TV，実物投影機，PC，Apple TV が常設され，クラウド型学習支援アプリ「ロイロノート・スクール」を導入して全教科や行事，係活動等に活用しています。国語科ではノートやプリントをデジタル化し，授業の活動から提出，点検，返却までをロイロノート・スクール内で完結させています。

　また，全校で授業デザインの共創に取り組み，授業の冒頭にタイピングゲーム（漢字，ことわざ等）を数分間行うことで，授業を円滑に実施するための基礎的なタイピング能力を身につけています（図３）。休み時間もタイピングに熱中する生徒が多く，現在では教員を追い越すまでに速さと正確さを身につけた生徒も少なくありません。その一方で，従来活用されてきた方法も状況に応じて ICT と使い分けることで，最適な学習環境の中で生徒がのびのびと活動できるように心がけています。

a　課題の設定　【使用したもの】iPad

　「第６期仁木町総合計画」のデータから，町の強みや弱み，課題をもとに個人の課題を設定しました。

b　情報収集　【使用したもの】iPad

　地域活性化について個人で調べ，意見と根拠をロイロノート・スクールで提出しました。資料として使用したいページの URL を控えたり，スクリーンショット機能を使用して保存したりしました。気になった内容を休み時間に追加で調べた生徒もいました。

　個人の意見を持ち寄ってグループで話し合う場面では意見を付せんに書き，画用紙に貼ることで図式化する方法を採用しました。また，話し合いの内容は iPad の録音機能で記録し，編集の際に活用できるようにしました。

【図３　授業の冒頭でのタイピング】

c　まとめ　【使用したもの】iPad，ヘッドセット

　話し合いの内容は班ごとにロイロノート・スクール上でまとめました。発表資料のページを分担し，録音した話し合いをヘッドセットで聞きながらテープ起こしを行い，協働して資料を作成しました（図４）。

d　表現　【使用したもの】iPad，Apple TV，プロジェクター，黒板用スクリーン，相互評価表（Ａ４判）

【図４　テープ起こしで話し合いを視覚化】

　作成した資料を iPad から Apple TV へ送信し，プロジェクターから黒板のスクリーンに投影，生徒は手元の iPad を操作しながら発表を行いました。

聞いている生徒は，iPad を机の中にしまい，配付した相互評価表とペンのみを机上に置くことで，発表に集中できるよう配慮しました。

2 探究ストーリー

プロジェクトは課題ごとに5つの班に分かれました。トントン拍子に進んだ班，話し合って結論を出す段階で苦労した班，プレゼンテーション資料の作成に難航した班……活動状況はさまざまですが，ここでは話し合いと資料作成の双方で最も苦戦したX班の探究を紹介します。

X班の課題は，第6期仁木町総合計画（脚注参照）[1]の基本目標3「町民に生活の潤いを」です。道路の整備や交通，環境の整備など幅広く町民の生活環境の改善策を考える目標です。

❶情報を集め，解決策を検討する

情報収集，意見を考える活動は個人で行いました。インターネットで情報を収集し，地域活性化の解決策を発想し，根拠を考えます。林田さんは「町の特産品である果物や野菜を使用したメニューを活用したカフェやレストランを作る」という意見です。町の総合計画にも挙げられていたSDGsをその取組を行う根拠として設定しました（図5）。

池田さんの意見は「信号のない横断歩道にも車がとまるような工夫をする」，小林さん

【メモ用カード】
・調べた対策、発想した対策をどんどん書いていこう。（根拠となるデータや画像などを貼っても良い）

・仁木町にカフェやレストランを作る
　（理由）仁木町の良いところを生かし、仁木町産の果物や野菜で作ったスイーツやご飯を提供するお店を増やし観光にきた人たちに気軽に入ってもらえるようにする。仁木町でしか食べられない新鮮なフルーツや野菜を提供することで気に入ってもらえると思う。
仁木町の果物屋などで売れ残ってしまったものなどをこのレストランなどにまわして美味しく食べられればまちづくりの目標としているSDGsの12番『つくるせきにん　つかうせきにん』もしっかりできるから無駄がなくなる。それに加えて、9番『産業と技術革新の基盤をつくろう』11番『住み続けられるまちづくりを』これができる。みんなに優しい値段で提供すれば良いと思う。

【図5　SDGs を根拠とした林田さんの意見】

は「排雪時の対策をして事故を減らす」，泉さんは「きれいな道路を造る」という意見です。

交通の安全を強固なものとしたいという3人に対して，レストランを作りたいという林田さん1人。少数派のレストラン作りを不採用として道路の環境保全活動を推進する対策にまとまるのではないかとこの時点では想定していました。しかし，それは良い意味で裏切られることとなります。

❷話し合いから新たなアイデアが生まれる

編集は，個人の意見と根拠を伝え，班で話し合って1つの結論を出します（図6）。班員同士で合わせた机に画用紙を置き，個人の意見が書かれた付せん（水色）を貼ります。付せんを動かしてグループ分けをして，マーカーで書き込み結論に向けて話し合いを深めます。その過程で新しいアイデアが出た場合は黄緑色の付せんを追加します。

【図6　話し合って結論を出す】

1　第6期仁木町総合計画
　　http://www.town.niki.hokkaido.jp/mobile/section/kikakuka/irv97600000003bl.html

　役割は話し合いの進行をする司会，付せんのグループ分けや書き込みをする書記，残り時間の確認をするタイムキーパー，話し合いの記録を担う録音係の４つです。

　さっそく話し合いに臨んだＸ班でしたが，司会の「意見をどのようにグループ分けしますか？なにか案がある人はいますか。」の問いかけに一同「ないです……。」と弱気の滑り出し。沈黙の場に口を開く１人。「レストランといえばさあ，学校の近くにカレー屋さんあるよね。びっくり。」即座に司会から「話をそらさないでください。」とたしなめられ，再びの沈黙。

　どうにか，グループ分けは道路関係の「環境」とレストランを作る「施設」の２つに分けることができましたが，ここから再び悩む班員一同。

　「みんなの意見を全部まとめたら，今の町は道路が汚いから綺麗にすればレストランを作れる，みたいにならない？」「えっ，そんなの嫌だなあ。」「うーん……。」

　しばらく悩んでいましたが，レストランを作る案を出した林田さんのことばで話し合いは一気に流れ出します。

　林田さん「施設，雪を集める施設……。」

　一同「うんうん。」

　林田さん「そこで，野菜や果物を冷やす。そしたら甘くなるから。」

　泉さん「あぁ！それ，社会の授業でやったよね！雪の下キャベツ，だっけ？」

　一同「いいね！」

　「これなら『雪』『野菜』『果物』という町の資源を活かすことができるし，雪を集められて道路の環境が改善するし，観光客にも来てもらえる！メリットがたくさん！」と喜ぶ班員たち。発想力と他教科の内容を活かす力，多様な意見を活用する能力に驚かされました。

　発表はロイロノート・スクールを使用したプレゼンテーション形式で行います。ある程度の型は教員側で設定しましたが，結論に向けての話し合いの流れがわかるような資料は，班ごとの個性を出してほしいと伝えました。ことばを一語一語カードに映しての演説調，録音した音声を活用した決定的なひと言の紹介，録音のテープ起こしに基づいた流れの紹介，コント形式，など他の班がさまざまな工夫を凝らす中Ｘ班は，どのようにまとめていいかわからない……！と苦しみながら発表前日の放課後まで資料を作成していました。

❸対話のポイントを伝えるプレゼンテーション

　話し合いにも資料作成にも難航し，時間と気持ちに余裕のない中でも他の班の発表練習を見て学んだり，放課後に「図書室に行って最終調整してきます！」と報告してくれたりと，直前まであきらめずに準備を行ってくれました。発表終了後は，「前の日はすごく緊張していたが，はじまってしまったら大丈夫になった。発表したあとは達成感がすごかった。」と笑顔で話してくれました。

　まったく異なる方向から意見が出たＸ班。対話を重ねながら，「地域の特産品を活用したレストランを作り，排雪した雪を使用して野菜を甘くし，付加価値をつける」という新しいアイ

デアを作ってくれました。心配は杞憂に終わり，教員の想定を超える話し合いをしてくれました。自分の住む町の未来を本気で考えながら，複数の意見から新たな価値を創り出す楽しさを実感してくれたと思います。

3 評価・ふりかえり

❶評価

【知識・技能】

　「意見の根拠など情報と情報との関係について理解している」状況を，「自分の考えをまとめる際に，意見に対する根拠を考えている」姿を「おおむね満足できる状況」Ｂ，「自分の考えをまとめる際に，意見に対する効果的な根拠を考えている」姿を「十分満足できる状況」Ａととらえ，ロイロノート・スクール上で提出された個人の意見カードから評価しました（図７）。根拠が不十分である場合は，「努力を要する状況」Ｃと評価し，その場合は適宜助言しました。

【思考・判断・表現】

　「話すこと・聞くこと」において，「話題や展開をとらえながら話し合い，互いの発言を結びつけて考えをまとめている」姿を「おおむね満足できる状況」Ｂととらえ，交流の様子やグループごとに話し合いを録音した提出データ等から評価しました。また，成果物の質的な差異を可視化するため，思考を「内容」，表現を「見た目」と設定してルーブリックを作成し，評価しました。グループで出した結論へ向けた話し合いの過程が伝わるという観点について創意工夫があるものをＳ，単元の目標に到達した段階をＡとして成果物と発表方法から評価しました。その際，発表の様子を撮影し，補助的に活用しました。

【主体的に学習に取り組む態度】

　話し合い活動において「積極的に互いの発言を結びつけて考えをまとめ，見通しを持ってグループ・ディスカッションをしようとしている」姿を「おおむね満足できる状況」Ｂととらえ，交流の様子やふりかえりの記述，録音したデータを補助的に活用する等，総合的に評価しました。

❷子どもたちのふりかえり

　単元実施前と実施後に，話し合い活動についての診断評価をロイロノート・スクールのアンケートで行いました。内容は全国学力・学習状況調査の生徒質問紙調査を参考に作成し，「知識・技能」「思考・判断・表現」「主体的に学習に取り組む態度」の各観点に応じたものを１つずつとしています。グラフで示している通り，

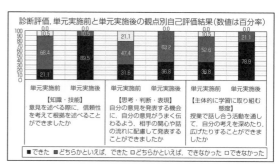

【図７　ロイロノート・スクールによるアンケート結果】

単元実施後の結果はすべての項目において「できた」「どちらかといえば，できた」の割合が

上昇したこと，そしてすべての質問で「どちらかといえば，できなかった」「できなかった」と答えた生徒がいなかったことが特徴として挙げられます。

　プロジェクトに一人ひとりが全身全霊取り組んでくれた成果です。

　また，「話し合いをする時に最も大切なことは何だと考えていますか」という質問を自由記述で単元前と単元後に行いました。単元前の時点でも，一般常識に基づく基礎的な知識は身についている印象でしたが，単元後はより実感の伴った具体的な記述が見られました。

　例として，探究ストーリーで紹介したX班のメンバーのふりかえりを挙げます。話し合いを進める決定的なひと言を発言した林田さんは班のまとめ役，リーダー的な存在です。大切なこととして，「相手を信頼すること，意見を尊重し合うこと，意見を勇気を出して言ってみること」を挙げてくれました。次に，司会者を担い，話がずれると即座に道筋を戻してくれた池田さんは，「メンバー全員が話し合いに参加すること」を挙げ，全体を見渡す司会者らしい実感を述べてくれました。班員の意見をよく聞き，落ち着いた態度で班の雰囲気の土台となってくれた小林さんは，「しっかりと相手の話を聞き，頷いたり少しでも反応，共感すること，相手の意見と自分の意見を照らし合わせて相違点を考えること」と述べてくれました。最後に，みんなを励ましたり，場を明るくすることに長けている泉さんは「ふざけないこと，自分の意見がみんなに伝わるように工夫すること」とこちらも実感のこもった文章を書いてくれました。小林さん，泉さんが意見を言いやすい雰囲気をつくってくれたからこそ，池田さんは司会の進行に集中でき，林田さんは勇気を出して意見を述べられたのです。活動中のふるまいに生徒の個性が表れると同時に，協働して問題を解決するプロジェクトの過程でそれぞれの得意を活かしながら自然と役割を分担していたこと，活動に応じた考えの深まりを見せてくれたことを興味深く感じました。

【図8　仁木町観光協会への生徒による発表】

❸教師のふりかえり

　この単元は，話し合いの能力を身につけるという内容です。その手段として今回，「地域活性化」を取り上げました。生徒たちは話し合い活動をして，結論を出す過程でさまざまな意見を取り入れて結論にまとめる体験をしました。多様性を受け入れて新たな価値を創り出す楽しさを感じてくれたと思います。

　これからの社会を生き抜くために，今回の授業の内容を日常に，そして将来に活かしてほしいと強く感じます。

（辻　未弓・齋藤啓代）

7　1年・数学「平面図形の活用」

【情報活用型プロジェクト学習　単元デザインシート】

ア．学年・教科：**1年・数学**

ウ．プロジェクトのミッション
ミウラ折りの新しいアイデアを提案しよう

単元目標
・知識及び技能　　　　　　　：日常の事象を図形の形や大きさ，構成要素や位置関係に着目して観察し，その特徴を
・思考力，判断力，表現力等：折り方や展開図を観察，折り紙を折る活動を通して，図形に対する直観的な見方や考
・学びに向かう力，人間性等：ミウラ折りの強み，プロダクト事例の情報を集約，分析し，ミウラ折りの活用場面を

オ．収集「折り紙を数学的に考察しよう」	カ．編集「ミウラ折りの強み，分析し，新しいアイデアを

ク．情報活用能力（◉この単元で育成したい　◇この単元で発揮してほしい…SHIBAURA

◇目標を設定する
◇周辺知識の見つけ方
◇論題（問い）の作り方
　①問いの絞り込み方
　②多様な問いの作り方
◉情報の記録の取り方
　①参考文献，資料の記録
　②ウェブサイトの情報の記録

◇ウェブサイトの信頼性
◉アイデア出し
◉デザイン思考

ケ．授業展開・教師の手立て

・ORIGAMI を視聴し，ミウラ折りや折り紙工学について知る①⑬
・折り紙やミウラ折りを自分で折ることで展開図の構成要素や位置関係に着目し，特徴をとらえる⑪
・缶の重さに耐えられる橋をペアで協働して作る⑤

　　　　　　　　　　　　　　（　1.5　）時間

・ウェブ検索等によりその他を収集し，得た情報を整理し
・強みを活かしたアイデアをで1つのアイデアにする㉒㉕
・アイデアをプロトタイプで考察を導く㉗
・Google スライドを共有し，仕上げる㉘㉚

※ルーブリックは，p.75の「表1　姿勢×思考×表現のルーブリック」を参照

イ．単元名：「平面図形の活用」
エ．期待する成果物 　ミウラ折りの活用場面を，プロトタイプとポスターを用いたライトニングトークで発表する

とらえる。
え方を深めるとともに，論理的に考察し表現する。
提案しようとする。

プロダクト事例の情報を集約， 考えよう」	キ．発信「１分間でアイデアを伝えよう」

u. 工作・プログラム

実際に紙を折ってプロトタイプ作成
サイズや折る回数などを決定

r. ポスター・パンフレット

Google スライド １枚のポスター作成
アイデアの独創性

w. 発表・イベント

クラスで発表
プロトタイプと合わせて提示

y. 対話

企業にアイデアプレゼン
評価と改善

z. ふりかえり

他者からのフィードバック
自分たちのアイデアの強みと改善点

探究スキル表から）

◇効果的なスライドの作成（基礎編）
●ポスターセッションの作成と方法
●発表の仕方
●発表の準備とリハーサル
◇参考文献の書き方

●わかりやすい説明の順序
●聞き方のポイントと発表の活かし方
◇効果的な質問の仕方

のミウラ折りの活用事例など
て分析する⑰⑳
個々でできる限り出し，ペア

表現することで，さらに深い

ペアで１ページのポスターを
（　1.5　）時間

・クラスごとにプロトタイプとポスターを用いて，１分間のライトニングトークで発表し，代表ペアを３つ選ぶ㊲㊴㊷
・ルーブリックを用いて，個人でふりかえりを行う㉝㊷
・代表ペアは，企業担当者に向けてプレゼンし，フィードバックをもらう㊱㊲㊹

（　1　）時間

1　ステップアップポイント

　本校では中学１年生の探究GC（Global Communication）の授業で使用する，学校のある豊洲の街を探究する「探QMAP」（図１）や学校説明会で配布する校内地図がミウラ折りで作られています。本実践では，ミウラ折りの特徴や強みを学び，それを踏まえて生徒たちが新しい使い方やアイデアを提案する授業を設計しました。以下の２つのステップアップポイントを意識しました。

【図１　探QMAPを広げる】

❶協働的な学び〜個の考えを協働につなげる

　個の活動から集団の活動を経て，個の活動で終了するPBLが深い学びを導くと考えています（熊倉，2011）[1]。Google Arts & CultureでNHKエデュケーショナルが提供する「ORIGAMI」を事前に視聴してワークシートにまとめることを個の活動としました。折り紙を折ることは得手不得手があるので，座席の隣同士をペアにして，折り方を教え合ったり，コピー用紙で橋を作って紙の強度を高めたり，ミウラ折りのアイデアを考えたり，発表したりする場面では集団（ペア）の活動としました。発表の評価や個人のふりかえりを個の活動とすることで，一連のPBLをただ楽しい活動としてではなく，学びとしてとらえられるように配慮しました。

　また，アイデアを考える場面においても，時間を区切って個のアイデアをできる限りたくさん出し，個々に材料を与え，アイデアをプロトタイプとして具現化する活動（図２）を確保した後に，協働的な活動を行うように設計しました。そうすることで，ペアの相手のアイデアに"ただ乗り（フリーライダー）"するのではなく，生徒それぞれがアイデアをしっかりと考えて持ち寄ることでペアとしてのアイデアに変容させることができると考えました。

【図２　展開図を考察する】

❷ルーブリック〜姿勢・表現・思考の質を言語化する

　情報活用型PBLルーブリックの２観点に，**姿勢**という観点を加え，さらに**表現**を**作品**と**発表**に分けた４観点でのルーブリックを作成しました（表１）。そうした意図は，PBLにおける**姿勢**のあり方をルーブリックとして示すことで，活動に参加する**姿勢**を生徒が意識し，育成できると考えたからです。また，成果物が**作品**と**発表**の２種あるので，１観点にまとめてしまうと相互評価・自己評価を行う時に生徒が判断に迷うことが想像できました。それを回避するために２観点に分けました。具体的に，**姿勢（貢献）**は，ワークシートの提出状況と内容及び机

1　熊倉啓之（2011）小集団での追究で効果抜群！　数学的な思考力・表現力を鍛える授業24，明治図書出版

間巡視によって見取ったペアワークでの活動を評価しました。**表現（作品）**は，発表のための Google スライドと用意したプロトタイプを評価対象としました。スライドには，アイデアに至った根拠やアイデアの良さが他者に伝わるように見やすく提示されていること，著作権や引用ルールが守られていることを評価しました。アイデアの質や根拠は，**思考（内容）**として評価しました。**表現（発表）**では，1分間のライトニングトークにおいて，時間内に要点をまとめて発表できているかを評価しました。

　ルーブリック作成に不慣れな時は，「とてもよく」「十分に」「3つ以上」といったような基準として不明確な，生徒が主観で判断することもできる，学びの質を記述できないルーブリックを作成してしまっていました。本実践では，B基準，C基準においても，A基準との不足を指摘する表現ではなく，生徒が達成できている部分を評価する表現を用いました。明瞭なルーブリックを作成したことで，授業のねらいをA基準を通して生徒に示すことができ，生徒も達成目標を意識しながら活動することができました。生徒は，ルーブリックに加えて，ふりかえりの記述をすることで，自らの学びを言語化することができました。

【表1　姿勢×思考×表現のルーブリック】

	S（すばらしい） プロジェクトに応じた創意工夫	A（よくできている） 単元目標に到達している	B（あと一歩） 部分的な理解や質を伴わない表現	C（改善を要する） 生徒の最初の状態
姿勢_貢献	❏ 事前学習，折り紙や橋の強度実験に試行錯誤しながら他者と協働して，取り組んでいる. ❏ ペアで「話し合いのルール」に基づき，様々な場面から捉え，建設的な議論をしている.	❏ 事前学習，折り紙や橋の強度実験に他者と協働して，取り組んでいる. ❏ ペアで「話し合いのルール」に基づき，建設的な議論をしている.	❏ 事前学習，折り紙や橋の強度実験に取り組んでいる. ❏ ペアで議論をしている.	❏ 折り紙と橋の強度実験に取り組んでいる. ❏ ペアの活動に参加している.
思考_内容	❏ 折り紙の折り方を，図形の形や大きさ，構成要素や位置関係に着目して観察し，その特徴を自分で追及している. ❏ ミウラ折りの強みを生かしたアイデアを考え，アイデア出しでペアに言語化して伝えて，議論を通してアイデアを発展させている.	❏ 折り紙を，図形の形や大きさ，構成要素や位置関係に着目して観察し，その特徴を捉えている. ❏ ミウラ折りの強みを生かしたアイデアを考え，アイデア出しでペアに言語化して伝えている.	❏ 折り紙を，図形の形や大きさ，構成要素や位置関係に着目して折り方を捉えている. ❏ ミウラ折りの強みを生かしたアイデアを考えている.	❏ 折り紙を，図形の形や大きさ，構成要素や位置関係に着目して折っている. ❏ アイデアを考えている.
表現_作品	❏ スライド1枚に，自らのアイデアに至った根拠やアイデアの良さが他者に伝わるように見やすく提示され，著作権や引用ルールが守られている. ❏ 自らのアイデアを体現した，聴衆を説得できるプロトタイプを作成している.	❏ スライド1枚に，自らのアイデアに至った根拠やアイデアの良さが提示され，著作権や引用ルールが守られている. ❏ 自らのアイデアを体現したプロトタイプを作成している.	❏ スライド1枚に，自らのアイデアに至った根拠やアイデアの良さをまとめている. ❏ 自らのアイデアを説明するためのプロトタイプを作成している.	❏ スライド1枚に，自らのアイデアをまとめている. ❏ プロトタイプを作成している.
表現_発表	❏ スライドや原稿を見ずに，自らのアイデアを聴衆とアイコンタクトを取りながら発表している. ❏ ライトニングトークの時間内に要点をまとめて発表し，聴衆に伝わっている.	❏ スライドや原稿を見ながら，自らのアイデアを聴衆とアイコンタクトを取りながら発表している. ❏ ライトニングトークの時間内に要点をまとめて発表している.	❏ スライドや原稿を見ながら，自らのアイデアを発表している. ❏ ライトニングトークの時間内に発表をしている.	❏ 自らのアイデアを発表している. ❏ ライトニングトークで発表した.

2　探究ストーリー

　ここでは，サラさんとカンナさんペアのストーリーを追跡します。

❶折り紙を数学的に考察する

　Session.0として「ORIGAMI」を事前学習し，ミウラ折りの基礎知識を獲得しました。

Session.1では，折り紙を１人３枚ずつ使って，実際に「やっこさん」「いす」「吉村パターン（ダイヤカット）」の順に折りました。「やっこさん」を折った後，広げて展開図にどんな図形が何個現れているかを数え上げました。そして，「やっこさん」を発展させて「いす」，さらに発展させて「ダイヤカット」を折った時に，折り方から展開図に現れる図形と個数を予想し，予想と実際を確かめました。学習指導要領解説では，「日常の事象を図形の形や大きさ，構成要素や位置関係に着目して観察し，その特徴を捉えることで，図形の性質や関係を用いて日常の事象の特徴をより的確に捉えたり，問題を解決したりすることができるようになる」とされています。折り方や展開図を観察する活動を通して，図形に対する直観的な見方や考え方を深めることができました。１年生である２人にとって，小学校で慣れ親しんだ折り紙を数学的に考察することは非常に興味深いテーマだったようで，嬉々として活動していました。

　また，ダイヤカットのプロダクトである缶コーヒーをペアに１つずつ渡し，Ａ４コピー用紙１枚で15cmの橋を作る強度実験を行いました。この場面でも，個のアイデアを具現化できるように１人１枚ずつ用紙を配付しました。紙は折ることによって強度が上がることを確かめ，自分たちのアイデアをプロトタイプで作って実験することの面白さを感じることができました。

❷ミウラ折りを折ってみよう＆プロダクトに触れてみよう

　Session.2の前半では，Ａ４コピー用紙を用いて１人ずつミウラ折りを折りました。実際に折ってみることで，折り目が重ならないことやワンタッチで広げたり畳めたりする便利さを体験しました。後半では，企業の方から提供いただいたミウラ折りのプロダクトを実際に触れることで，特徴や強みを理解しました（図３）。株式会社井上総合印刷からミウラ折りのアートシェードやエコバッグ，東洋製罐グループホールディングス株式会社から

【図３　プロダクトを触って考える】

ダイヤカット缶の着色前のモデルと折り紙容器を提供していただきました。ウェブで情報を検索して多くの幅広い情報を収集する良さと実際に目の前にあるプロダクトを五感を使って体験する良さによって，生徒の活動が深い探究につながっていきました。

❸ミウラ折りの新しいアイデアを考えよう

　１人２枚ずつ色画用紙を配付し，個の活動として「１人でアイデアをたくさん考える」時間を確保しました。サラさんは折り畳めるホワイトボードを，カンナさんは服の畳み方を考えました。サラさんのホワイトボードも面白いアイデアでしたが，多くの人が利益を享受できるものではないため，カンナさんのアイデアを改良することにしました。服を普通に畳むとかさばる点と時間がな

【図４　展開図を数学的に考察する】

い時にさっと畳みたいという点をミウラ折りで解決しようと考えました。ミウラ折りで畳みやすいデザインの服はどんな服だろう？というところまで広げて議論しました。

❹アイデアを提案しよう

Session.4では，クラスごとにプロトタイプを用いた１分間のライトニングトークを行いました。約20ペアの発表を聞き，Google フォームを使用した投票で，企業アイデア発表会に進む３ペアを選出しました。

３ペアのうちの１ペアは，ミウラ折りの利点として「服屋の服を試着した後，服を元のように畳み直すのが簡単になる」ことを挙げました。その結果，「試着がよりスムーズに進むため，試着待ちが少なくなる」ことで，「試着室が１つの店に何個もいらなくなる」ことをアピールしました。さらに，普段売っている洋服の畳み方とミウラ折りで畳む畳み方を，画用紙でプロトタイプを作って，時間のかかり具合のちがいを調べる実験をしました。その結果，通常の畳み方だと約７秒かかり，ミウラ折りの畳み方だと約１秒で済み，６秒もの差があることを実証しました。このペアは，発表要件に加えて，ミウラ折りの強みを実証する根拠を添えて発表したことで，クラスで15票を獲得し，クラス２位通過で企業アイデア発表会に進みました。

❺ルーブリック評価をしよう

企業アイデア発表会では，「通常のものとミウラ折りの畳むまでの時間で比較する点も素晴らしい」「短時間で試着ができるとお店の売り上げも上がる」とフィードバックをもらいました。

すべての活動後に，Google フォームを使用してルーブリック評価を行いました。加えて，本校では，生徒の探究スキル獲得のために「SHIBAURA 探究スキル」を2021年度に設定しています（図５）。探究スキル獲得のふりかえりを表２に示します。ペアとして活動し，１つの成果物を発表しても探究スキルの獲得意識にはちがいがあります。

同じ Google フォームに，「興味深く取り組んだ活動を選択しましょう（複数選択可）」と「感想や気づいたことを書きましょう」という２つの質問を加えています。興味深く取り組んだ活動として選択した活動であっても，

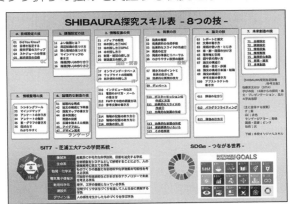

【図５　SHIBAURA 探究スキル表】

【表２　ペアの SHIBAURA 探究スキル獲得ふりかえり】

SHIBAURA 探究スキル			カンナ	サラ
収集	02	目標を設定する	できた	できなかった
	12	周辺知識の見つけ方	できた	できた
	15, 16	論題（問い）の作り方①②	できた	できた
	214, 215	情報の記録の取り方①②	できた	できた
編集	28	ウェブサイトの信頼性	できた	できなかった
	46	アイデア出し	できた	できた
	47	デザイン思考	できた	できなかった
	53	効果的なスライドの作成①（基礎編）	できた	できなかった
	510	ポスターセッションの作成と方法	できた	できた
発信	54	発表の仕方	できた	できた
	55	発表の準備とリハーサル	できなかった	できた
	213	参考文献の書き方	できた	できた
	56	わかりやすい説明の順序	できた	できた
	57	聞き方のポイントと発表の活かし方	できなかった	できた
	58	効果的な質問の仕方	できなかった	できなかった

その活動を通して探究スキルを獲得したという認識になるとは限らないこともわかりました。

　カンナさんは，「今回，私たちは原稿を見ながらやりましたが，本当は原稿を見ないでやりたかったです。次はもう少し練習などをしてから発表に臨みたいです。また，今回作った模型が本番で練習どおりに機能してくれなかったので，次このような模型を作らなければいけない時が来たら，しっかりそれも練習や本番の想定などをして，より本番をスムーズに進めるようにしたいです。」と，サラさんは，「1つや2つの折り方だけでも活用方法はたくさんあり，さまざまな点で工夫や利点がある。また，自分たちが身近に使っている日用品にも折り方を工夫して，便利にしている商品があるということに気づけた。」という感想を記述していました。

3　評価・ふりかえり

❶評価

　成果物の一例として挙げた「miura式カードケース」（図6）は，個々のアイデアを，ペアで活発に議論して発展させる**姿勢（貢献）**が見られました。発表時には，1分間という限られた時間でなぜ作ったかという点を踏まえて発表し，**思考（内容）**を説得力を持って，時間内に要点を的確に**表現（発表）**しました。また，2色の画用紙をカードケースと入れるカードに分けて作り，**表現（作品）**しました。したがって，評価はオールS基準となりました。

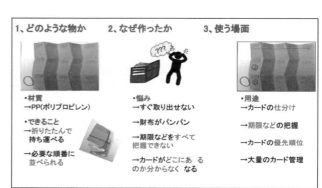

【図6　学習成果物の例「miura式カードケース」】

❷子どもたちのふりかえり

　生徒全員のルーブリック評価（表3）とSHIBAURA探究スキルの獲得の回答結果（表4）は以下のようになります。A基準以上の評価が4項目で57%～67%であるため，本実践の課題設定の難易度は適切であったと判断できます。探究スキルにおいては，4項目について「獲得できなかった」と回答した割合が多くなりました。「55　発表の準備とリハーサル」は必要な獲得スキルだという認識はあるけれども準備不足のために「できなかった」の回答が増え，その他3項目は本実践では使わなかったスキルであったと推測します。生徒のふりかえりからいくつか感想を紹介します。

【表3　全員のルーブリック評価】

	S	A	B	C
姿勢_貢献	17.7%	49.0%	26.5%	6.8%
思考_内容	20.4%	45.6%	29.9%	4.1%
表現_作品	15.6%	44.2%	25.9%	14.3%
表現_発表	18.4%	38.8%	32.0%	10.9%

・いままで自分が知らなかった情報をインターネット等を通して詳しく調べて，自分で新しい

ものを作りだす方法などをたくさん学んだ。『学びの技[2]』なども活用できた。

・プロトタイプは完璧なものではないと意味がないと思っていたが，そんなことはなく実際に作って見せることで相手に想像させることができるということを知った。

・アイデアを出すのは難しかった。だけど2人で考えているとアイデアは案外たくさん出た。

・自分たちの発表では改善点がたくさんあると思いました。アイデアのメリットだけでなくデメリットも書くことで相手に詳しく伝えられたかと思います。

・もっと同じアイデアが出ると思ったけれど，似たような案がそこまで出ていなく，自分たちも考えなかったアイデアが出ていて見ていて面白かったし，共感できるところもありました。

【表4 探究スキル獲得ふりかえり】

	SHIBAURA 探究スキル		「できた」割合
収集	02	目標を設定する	77.6%
	12	周辺知識の見つけ方	72.8%
	15, 16	論題（問い）の作り方①②	66.7%
	214, 215	情報の記録の取り方①②	63.9%
編集	28	ウェブサイトの信頼性	71.4%
	46	アイデア出し	84.4%
	47	デザイン思考	69.4%
	53	効果的なスライドの作成①（基礎編）	66.0%
	510	ポスターセッションの作成と方法	48.3%
発信	54	発表の仕方	69.4%
	55	発表の準備とリハーサル	46.3%
	213	参考文献の書き方	41.5%
	56	わかりやすい説明の順序	60.5%
	57	聞き方のポイントと発表の活かし方	61.9%
	58	効果的な質問の仕方	29.9%

❸教師のふりかえり

PBL は生徒とともに作っていくものだと考えるので，授業設計以上に生徒が熱中しはじめた活動が出てくると，生徒の学びが深まっていく時間を確保するために，当初盛り込んでいた枝葉の要素を削って生徒に合わせて修正しながら進めました。今回は，紙を何重にも折ることのデメリットや厚さについて考察する実験を削りました。探究スキル獲得の回答

結果を見ると，「使わなかった」という選択肢を増やすことやどの場面で獲得して活用されるスキルなのかを Google フォームに記載することで，生徒が回答しやすくなると気づきました。

High Tech High の PBL 教員研修プログラム（2019年1月）で学んだ「良質な PBL は発表会の設定が重要である」ことを念頭に設計した発表会では，企業の方に自分たちのアイデアを発表できることが生徒のモチベーション向上につながりました。生徒がクラスに向けて発表する普段の PBL よりも活動全体の熱量が高かったです。企業の方には，プロダクトの提供，発表会への参加と講評など，多岐にわたり協力いただきました。学校外で活躍する方から，考えること，創造することへの好意的なフィードバックが，生徒たちの学びをより一層伸長させると感じます。今後も，社会のリソースを利活用して，生徒の深い学びを支援していきたいです。

（金森千春・授業協力：斎藤貢市）

2 SHIBAURA 探究で使用した教材：後藤芳文ほか（2014）学びの技．玉川大学出版部

8 2年・社会「日本の諸地域—近畿地方—」

【情報活用型プロジェクト学習　単元デザインシート】

ア．学年・教科：2年・社会

ウ．プロジェクトのミッション
　　近畿地方が「より良い」地域として，さらに発展していくためには，どのようなことを重視していくべきなのか

単元目標
・知識及び技能　　　　　　　：近畿地方に関連するさまざまな資料を読み取り，地域的特色や地域の課題について理
・思考力，判断力，表現力等：地域の生活環境の発展や自然環境・歴史的景観の保全，そこに生ずる課題について多
・学びに向かう力，人間性等：近畿地方に関わる地域的課題やさまざまな対立について，粘り強く考え表現すること

オ．収集「近畿地方の特色や課題をとらえよう」			カ．編集「単元の学習を踏ま

収集
a．課題づくり
住みやすい地域の判断基準は？
近畿地方の地域的課題

収集
c．ウェブ
地域の課題など
景観，自然環境など

編集（整理・分析）
j．集約
既習事項
ウェブの情報
より良い地域とは？

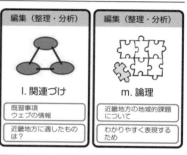

編集（整理・分析）
l．関連づけ
既習事項
ウェブの情報
近畿地方に適したものは？

編集（整理・分析）
m．論理
近畿地方の地域的課題について
わかりやすく表現するため

ク．情報活用能力（○この単元で育成したい　□この単元で発揮してほしい）

□出典や著作権などの権利に配慮して，学習課題に関する情報を収集する（A3，D2）
○ウェブの情報や既習事項から課題解決に必要な情報を取捨選択する（B1）

□グループ内で個々が持ち寄った情報を総合し
○多種多様な情報やグループでの話し合い活動
り出す（B3）

ケ．授業展開・教師の手立て

明確な課題意識を持って，主体的に情報を集める
・単元を貫く課題の確認①②
・近畿地方の地域的特色や課題について学習する⑩
・さまざまな地域（自治体など）の魅力やアピールしているポイントについて情報収集をする⑮
・既習事項やウェブで検索した情報について，グループで集約して，プロジェクトのミッションについて意見交換する⑪⑫

（　3　）時間

さまざまな情報をもとに思考
つくりあげる
・既習事項やウェブで調べ
「より良い」地域としてさら
てグループで話し合う㉔㉕
・人々の生活環境の発展，自然
文化の継承という視点で地域内
・人々の生活環境の発展，自
伝統文化の継承という視点を
のスライド資料を作成する㉚

ルーブリック	S	A
思考（内容）	近畿地方の特色や地域的課題をもとに，多くの視点から近畿地方の今後の姿を想像し，必要な取組や考え方について思考している。	近畿地方の特色や地域的課題をもとに，近畿地方の現在の課題について必要な取組や考え方について思考している。
表現（見た目）	受け手を意識して，文章やイラスト，写真をバランス良く組み合わせてスライドを作成している。	文章やイラスト，写真をバランス良く組み合わせてスライドを作成している。

イ．単元名：「日本の諸地域－近畿地方－」

エ．期待する成果物
プレゼンテーションのスライド資料（発表資料）

解することができる。
面的・多角的に考察し表現することができる。
を通して自らの学習を調整し，課題を解決しようとする。

え，スライドを作成しよう」	キ．発信「自らの考えを提案しよう」

編集（表現）

s. プレゼンテーション

ミッションについて

ミッションに対する意見交流

発信

w. 発表・イベント

スライドの発表

学級内

発信

y. 対話

地域のより良さとは何か

互いのスライドについて

発信

z. ふりかえり

対話をもとに

地域のより良さについて

て，学習課題について話し合う（B2，B7） をもとに，学習課題に対する解決策や考えを作	□スライド資料をもとに，聞き手の関心等に合わせて伝え方等を工夫しながら発表する（B5，B6） ○単元の学習を通して，新たに気づいたこと等をもとに振り返り，次単元につなげる（B8）

を働かせ，自分たちの考えを た情報をもとに，近畿地方が に発展するための取組につい 環境の保全，歴史的景観や伝統 で対立があることに気づく㉑ 然環境の保全，歴史的景観や 軸にしてミッションについて （　2　）時間	相手意識を持って伝え，自分たちの学びを振り返る ・発表前に単元導入時に確認したルーブリックを再確認する㊴ ・互いのプレゼンテーションを聞いて，近畿地方だけでなく「より良い」地域とはどのような地域なのかを話し合う㉝ ・単元全体の学習を通して，考えたことなどを個人で振り返る㊷ （　2　）時間

B	C
近畿地方の特色や地域的課題をもとに，近畿地方の地域的な魅力等について考えている。	近畿地方の学習をもとに，より良い地域について考えている。
自分の考えを既習事項をまとめるなどしてスライドを用いて表現している。	自分の考えをスライドを用いて表現している。

1 ステップアップポイント

　社会科の地理分野「日本の諸地域―近畿地方―」の単元で授業実践を行いました。ステップアップポイントを「①個別最適化」、「②協働的な学習」の2点とし、その点を主眼に置き授業改善を行いました。

　上記のステップアップポイントをより充実したものにするため、本実践では単元を通して生徒の主体性を引き出す工夫として、Google Workspace のスプレッドシートを用いた学習計画シート（図1）を作成し、授業を行いました。学習計画シートは、「導入」「展開」「まとめ」と単元を通して生徒が学習した内容を記入したり、そこで考えたことなどを記述することを目的としています。

　今回の近畿地方の学習では、導入段階で単元を貫く学習課題「近畿地方をさらにより良い地域として発展させていくためには、どのような取組が必要なのか」について、生徒一人ひとりに仮説を立てさせ、単元の学習への見通しを持たせるとともに生徒自身が自己の仮説について単元を通して検証することで主体的に学習に取り組めるように工夫しました。展開の段階では、1時限ごとに生徒が学んだことや考えたことを学習計画シートに記録させ、単元末のスライド作成の際に活用できるようにします。まとめ

【図1　学習計画シート】

の段階では、結論として単元全体の学びを通して改めて単元を貫く学習課題について考えを記入させました。生徒一人ひとりの個人の考えを単元で学習した内容をもとに根拠づけて表現させることで、それ以後の協働的な学びを主体的に行えるようにしました。

❶個別最適な学び～個の学びを蓄積する学習計画シート

　学習計画シートを軸にして授業を改善しました。前述のように学習計画シートは、導入の段階で「仮説」を立て、展開の段階で仮説を検証しながら学習内容を蓄積し、まとめの段階で単元の学習内容を用いて「結論」を記入するという構成で作られています。そのため、教員は生徒一人ひとりの学習計画シートを確認することで、生徒の学びの軌跡を見ることができます。生徒がどのような見通しを持って単元の学習に入ったのか、何時限目の授業を受けて自己の仮説の加除訂正などの修正を行ったのか、最終的にどのような根拠を持ち自己の考えを構築させたのか等は、生徒のつまずきを見取ることだけでなく、特に意識することなく「個別最適化」された授業形態になっていたと思います。協働的な学習活動の中にも単元で継続して取り組んできた「個別最適化」された学習が活かされるように意識しました。

　本実践は、導入・展開・まとめと学習計画シートを活用して、個人で思考を整理し考えを構

築していくというものです。その学びの過程の中では，インターネットを活用して深く調べたり，図書室にある書籍を手元に置いて授業を受けている生徒の姿も見られました。このように本実践は，学習のゴールは「近畿地方をさらにより良い地域として発展させていくためには，どのような取組が必要なのか」という同一な学習課題であっても，それに到達するまでの学びの過程は「学習の個別化」を意識して取り組ませるように心がけました。

❷協働的な学び〜協働制作でつなぎ，個で発表する場をつくる

　上記のような「学習の個別化」を意識した学習過程の中で生徒一人ひとりが見いだした学習課題への考えを討論させながら，4人（または3人）グループ（以後，編集グループと表記）でスライドを作成させることで，より質の高い協働的な学びを目指しました（図2）。そのような話し合いをしながら協働でスライドを作成する中で，自然と生徒は互いの学びの軌跡である学習計画シートを確認するようにしました（学習計画シートは編集グループごとに同

【図2　協働でスライド制作】

ファイルを共同編集モードにしており，タブにより区別している）。協働でスライドを作成することを通して，生徒が必要感を持って学び合いをすることができていました。

　発表活動の際にもさらに生徒に協働的な学びが生まれるように取り組ませました。発表の際は，協働でスライドを作成した編集グループを分離させ，発表のための新たな4人グループ（以後，発表グループと表記）を作ります。そうすることで，すべての生徒が責任を持って発表活動に臨むことができました。また本単元以前から継続して，このような発表形式をとることで生徒は発表スライドを作成する段階から，役割分担の中で自分が主に担当することになっ

たスライドだけでなく，編集グループ全体のスライドを念入りに確認したり，互いにスライドに助言を求めるような姿も見られました。加えて，実際の発表活動の際には，ルーブリックとロイロノート・スクールのシンキングツール（座標軸）を組み合わせることで互いに評価を行えるように工夫をしました。発表グループで「発表（1人目）→聞き手側（発表者以外の2人，または3人）が座標軸を用いて評価

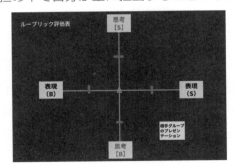

【図3　ルーブリックを座標軸で表す】

→聞き手側が発表者に座標軸を共有しながら助言→発表（2人目）…（以下，同じ流れ）」という形で発表活動を行いました。このようにすることで，意識的にふりかえりのための対話が生まれるようになりました。

2 探究ストーリー

　本実践の流れについて，学習課題の設定，情報収集と協働制作，発表の段階に分けて説明します。本項では，主に任意の生徒（ちとせさん）とその編集グループと発表グループに注目して実践の紹介をしていきます。

❶ミッションから個別の学習課題を設定する

①単元を貫く課題について把握する

　学習課題「近畿地方をさらにより良い地域として発展させていくためには，どのような取組が必要なのか」について生徒に把握させました。この際に，『「より良い」地域とはどのような地域なのか』という問いを生徒に投げかけ，地域の「より良さ」とは，どのようなことなのかを常に考えながら，単元の学習に取り組んでほしいことを生徒に伝え，単元を貫く学習課題と生徒を出合わせました。

②「見方・考え方」を整理する

　生徒が学習課題について，より深く考えていくために学習課題について検討していく視点（社会科的な「見方・考え方」）を整理させました。生徒に「私たちの住む地域とは，どのような環境により構成されているのか」という問いを提示し，ロイロノート・スクールを活用して生徒一人ひとりに意見を提出させ，考えを整理させました。それが以下の3つの視点です。

　　・自然環境
　　・文化的環境（以後，単元の学習内容に合わせるために「歴史的景観」と修正）
　　・生活環境（地域住民の生活を改善するための開発や産業等を含む）

③単元を貫く学習課題への仮説を立てる

　単元の学習に入る前に，生徒一人ひとりに単元を貫く学習課題に対する自分の考えを書かせ，仮説を立てる活動を行いました。生徒に近畿地方がさらにより良い地域になるための取組について，それぞれ既習の学習事項を用いて「学習計画シート」に記入させることで単元の見通しを持って学習に取り組めるように工夫しました。

❷情報を集め，協働制作に取り組む

①近畿地方の地域的特色や地域的課題について学習する（情報の収集）

　単元を貫く学習課題の解決に必要な情報を集めさせました。教科書に準拠した講義型の授業を行いつつ，各時限の最後に「学習計画シート」を用いて，学習内容をまとめたり，それぞれがウェブ検索等で情報を集めるなどの学習を行いました。

②既習事項や新規の学習内容，ウェブの情報を整理する（情報の編集）

　個人の「学習計画シート」に単元を通じて収集した多くの情報を整理する活動を行いました。ちとせさんは，「歴史的景観」「自然環境」「生活環境（住環境）」という視点を置き，今後の近畿地方が，その視点を重視した際の「良い点」「課題点」について整理していました。

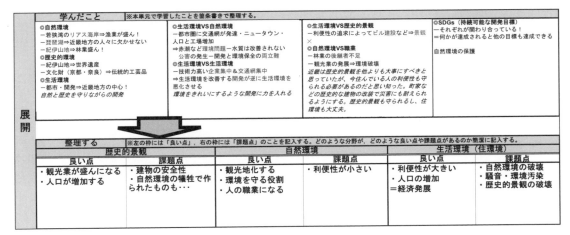

【図4　学習計画シートの展開部分】

③学習課題の問いについて議論する（情報の編集）

　生徒一人ひとりが個人の情報の整理を終えた段階で，編集グループで単元を貫く学習課題「近畿地方をさらにより良い地域として発展させていくためには，どのような取組が必要なのか」について話し合わせ，Google Workspace でスライドの共同編集機能を用いてまとめさせました（図5）。

　この話し合いの中で，ちとせさんの編集グループでは以下のような話し合いが行われていました。

【図5　編集グループで議論する】

・ちとせさん「近畿地方の文化財保有の割合は，日本全体の46％もある（教科書の統計データを示しながら）この近畿地方の地域的特色に重点を置いて考えていくことが，今後の近畿地方のより良さにつながると思う。」

・かえでさん「私は，生活環境（開発）を改善させていくことで，人口が増加していく。人口が増加すれば多くのメリットがあるので，まずは生活環境の整備が大事ではないか。」

・しおりさん「近畿地方，特に京阪神大都市圏はもう十分に都市化が進んでいる。開発よりも歴史的景観や自然環境などを重視しても地域の人々は困らない。」

・ちとせさん「歴史的景観を守ることは，地域の原風景を守ることなのでいき過ぎた自然破壊等を防止することにもつながるのではないか。」…以下，省略

　他の編集グループでも，より良さとは何か，「自然環境」「歴史的景観」「生活環境」という視点を用いながら，資料を根拠にした討論が行われていました。

❸発表・相互評価をもとに本質的な問いに迫る

①作成したスライドを用いてプレゼンテーションを行う（情報の発信）

まとめとして，編集グループで作成したスライドを発表グループに分かれて発表活動を行いました。その際にルーブリックを指標にしてロイロノート・スクールを活用して相互評価を行いながら，活動するように促しました。また，それぞれの発表の様子を聞き手側がビデオで撮影するように指示をして，活動に臨ませました。

【図6　発表グループで伝え合う】

②ふりかえり

ふりかえりの学習として，個人の「学習計画シート」に戻り，発展課題「『より良い』地域とは，どのような地域なのか」という問いに答えさせ，単元全体のまとめを行いました。

3　評価・ふりかえり

❶評価

本単元では，単元の導入時に単元末の活動の評価について，成果物であるスライド資料と発表の様子をルーブリックを用いて評価することを生徒に伝えています。

スライド資料の内容については，自分たちの主張を根拠づけるために，どのような資料を引

【図7　生徒が作成したスライド（一部）】

用しているのか，どの程度単元で学習した内容を活用しているのかを判断基準として評価をしました。加えて，表現についてはスライドのデザインや発表の様子のビデオ映像を参考に評価をしました。発表については，特にスライド資料を単純に読むだけになっていないか，受け手を意識したデザイン，発表方法であるかなどに注目しました。このようにスライドの内容，デザイン，発表の様子，生徒たちが相互評価を行った座標軸（参考程度）を総合して評価しました。

ルーブリックは「先生と生徒の共通の学習のゴール」であることを本単元に限らず常に伝えることで，生徒は自然とルーブリックを確認しながら授業に臨むようになり，「質」の高い成果物を作り上げることができています。

❷子どもたちのふりかえり

本実践のふりかえりとして，生徒からは以下のふりかえりのことばが寄せられました。この

ふりかえりは「2　探究ストーリー，❸の②ふりかえり」の際に行われたものです。

・近畿地方の学習を通して，私たちが住んでいる地域は「自然環境」，「歴史的景観」，「生活環境」などさまざまな環境を総合して見ていかなければならないと思った。私は，近畿地方は京都と奈良があるので「歴史的景観」を1番に考えるべきだと思っていたが，今はより良い地域をつくるためにはバランスが大切だと思う。

・近畿地方の学習を通して，私たちの住んでいる宮城県や仙台市の良いところは何なのかを考えさせられた。先生が地域の「より良さ」は人それぞれだと言っていたが，私は住んでいる人が「住みやすい」と思える地域がより良い地域だと思う。

・私は，「より良い」地域とは，その地域の特色を活かしている地域だと思う。例えば，北海道や沖縄県は自然が豊かで日本の中では特別な気候をしているので，自然環境を中心に地域のより良さを考えていけばいいと思う。その地域の特色を活かすことが，地域の良さにつながり住んでいる人が「住みやすい」地域になっていくと思った。

　このように本実践で取り上げた近畿地方の学習を通して，多くの生徒たちが「より良い」地域とはどのような地域なのかということについて考えることができていました。特定の地域学習から，汎用性のある知識や考えを生み出す段階まで生徒の思考を深めることができたのではないかと感じます。

❸教師のふりかえり

　本実践を通して，生徒の主体性をどのような基準で見取るのか等の学習評価に関わる問題の難しさに改めて気づかされました。今回の実践は，Google Workspace のスプレッドシートを用いた「学習計画シート」を軸として授業を展開しました。デジタルの良さはさまざまありますが，私は複数人での共有が容易であること，慣れてしまえばアナログよりも編集の速度が高速なことだと思っています。今回

の実践では，この2つのデジタルの良さが大いに発揮され，デジタルを用いなければ学習の目標は実現できなかったと感じます。一方で，デジタルの良さが大いに発揮されたことで，生徒一人ひとりが瞬時に多くの情報を収集し編集するようになり，授業内の机間指導では生徒一人ひとりの学習の状況（「つまずき」や「成長」など）を把握することができなかったことが課題として残りました。

　生徒の情報活用能力の成長とともに教員がどのように生徒を見取るのか，またはどのような手法を用いれば教員は授業内で生徒の状況を見取りつつ，情報活用に根ざした実践を行えるのか，をこれからの課題として今後も教材研究や教材開発に邁進していきたいと思います。

（齋藤　純）

9　2年・美術「地域を紹介する皿」（オリジナル教材）

【情報活用型プロジェクト学習　単元デザインシート】

ア．学年・教科：2年・美術

ウ．プロジェクトのミッション
地域の良さや価値を伝える文様を探して作った作品の発表を通して，地域の魅力や良さを提案する

題材の目標（琳派や文様に理解を深め，地域の魅力を皿に描いて発信する。）
・知識及び技能　　　　　　　：用具の特性を理解して，図案の描き方を工夫する。
・思考力，判断力，表現力等：図案の描き方について構想を練り，生活に活かす作品を表す。
・学びに向かう力，人間性等：作品が引き立つ見せ方で紹介しようとする。

オ．収集「文様の収集」	カ．編集「アイデアスケッチ，

収集
a. 課題づくり
地域の状況
文様調べ

収集
c. ウェブ
文様の画像
自然物名

収集
i. 映像
アプリの操作
出典元を紹介

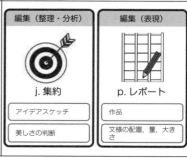

編集（整理・分析）
j. 集約
アイデアスケッチ
美しさの判断

編集（表現）
p. レポート
作品
文様の配置，量，大きさ

ク．情報活用能力（○この単元で育成したい　□この単元で発揮してほしい）	
□信頼性のある情報を探す（D2L2） ○サイトの探し方，出典先の記述（A1L2）	□地域の魅力を伝える内容を ○作品の見せ方を工夫してプ

ケ．授業展開・教師の手立て	
・地域の話題になる内容や風物をロイロノートに打ち込み，発表をして学級で共有する① ・紹介したい地域の風物を絞り，文様を探す③⑤ ・皿に描く文様をウェブや書籍を活用して調べ，スライドにまとめる⑬⑮	・収集した文様を活かし，文てアイデアスケッチを描く⑰ ・アイデアスケッチをグルーを行う⑱ ・皿に彩色して作品を完成さ ・皿が引き立つ見せ方を工夫影し，発表原稿を作成する㉚
（　3　）時間	

ルーブリック	S	A
思考 （内容）	地域の魅力を伝える説明が簡潔・明瞭で，作品に表した判断内容を自信を持って伝えている。	地域の魅力を伝えるための文様の選定意図，自分が工夫し表現した意図を交え伝えている。
表現 （見た目）	地域の魅力，完成までの経緯などが非常に明瞭であり，発表時は声量も聞き取りやすく，堂々と発表している。	伝えたい地域の魅力を文字の大きさや文字の色，作品の見せ方など工夫したスライドを作成し，発表をしている。

イ．単元名：「地域を紹介する皿」（オリジナル教材）

エ．期待する成果物
・地域の魅力を，絵皿にして伝える
・完成作品を魅力的に紹介する

制作，作品紹介の資料作成」	キ．発信「作品を紹介しよう」

考案する（B3L3） レゼン資料を作成する（A7L3）	□完成作品を他者に伝わるように発表する（A8L3） ○他者に紹介するプレゼンを行う（A8L3）
様の配置，大きさ，量を考え プ内で紹介し合い，意見交換 せる㉒㉓ して，完成作品として皿を撮 （ 7 ）時間	・発表内容の確認㉛ ・作品を通して，自分の思いや考えをわかりやすく発表する㉟㊷ ・発表時に拡大提示や書体の色で，印象深い紹介を行う㊸ ・自分の作品を振り返る㊺ （ 1 ）時間

B	C
完成作品を紹介しているが，地域の魅力に気づかせる発表内容には至らない。	文様を選んだ意図が曖昧で，完成作品のみの発表内容である。
完成作品と地域の魅力を伝えようとしているが，魅力を気づかせる発表スライドではない。	完成作品のみで地域の魅力を伝えた発表ではない。

1 ステップアップポイント

　今年度から導入された１人１台のタブレットを授業で有効に活用させたいと考えました。そこで美術科の授業では，①作品の参考にする資料の検索方法を覚え，調べて資料を収集する，② Google スライドの使い方を覚える，③ロイロノートの活用方法を覚える，などを一人ひとりが身につけ，情報活用スキルを高めさせたいと考えました。

　学区は自然環境に恵まれた地域で，四季折々の植物の成長や野生動物の話題も多いです。しかし，大人の我々も日頃身近な自然の美しい光景に目を向けることなく，漠然と過ごしているように感じます。そこで，自分の住む地域の魅力を気づかせるために，地域の自分が美しいと感じる風物を手がかりに文様を調べ，作品による表現で発表をさせたいと考えました。今回の授業では，個別最適な学びと，学習環境を工夫した内容です。

❶個別最適な学び～ほんとうに伝えたい文様を探して

　生徒たちは琳派の作品を鑑賞しています。琳派の作品は文様が構成されており，金や螺鈿等の高級な材料を使用した作品の鑑賞から興味を抱きました。そして，交流を通して興味関心を掘り下げるために，多くの文様は自然物（生徒への説明は，天気，動物，植物などの人間が手を加えていないもののことと教えた）が図案化されており，前年度に既習した文様について思い出させました。文様を調べる前に，地域の自然物や風物について，気づきを増やすためにロイロノートに打ち込みをさせ発表し合い，自他の話題から地域の自然物への気づきを増やしました。季節ごとに地域の光景を数多く想起した生徒もいれば，わずかな事例の生徒，文様として探すには難しい光景等を発表する生徒もいました。地域の自然物には共通意見が複数あり，「地域の何が美しい？あなたは何を紹介してみたい？」の問いかけから，個々が気になる自然物を絞らせました。桜の文様は目にすることが多く，図案調べの当初は桜文様を選択した生徒が多かったです。地域にも複数桜の名所もあり，安易な気持ちで桜文様を選択した生徒もいました。しかし，「何故桜なのか？」と，根拠をたずねるとことばに詰まる生徒もいて，文様調べの視点を変更して探す生徒もいました。「桜が川にひらひら落ちている季節や雰囲気がきれい」と自身のとらえる美しいが明確な生徒は，桜文様以外に水の文様（観世水文様）など，複数の参考事例となる文様画像を保存して，アイデアスケッチで活かしました。描きたい文様（テーマ）が定まらない生徒には，友だち全員が意見をロイロノートで発表した日の画面を見せ，再度，季節や気になる自然物などから，自然物のどのような状態が気になるのか聞き出して文様を探させるようにしました。

　アイデアスケッチでは，黒い皿に調べた文様の配置，大きさ，量などを検討させました。文様を描く大きさや量のちがいで金を塗る面積でも雰囲気は変わるので，時間をかけました。調べる過程の中で，「水の文様は観世水文様ということを知った」「観世水でも集合体のような文様があった」などと，有益な情報を得て作品に活用する生徒もいました。早くに教材の皿を見

せていたので，「黒地に描くならばありきたりの桜ではない文様を探そう」と，検索することばを変えて探していた生徒もいます。アイデアスケッチを確定する前に，グループ内で，自分が伝えたい美しいことや，「文様をシンメトリーに描きたい」「文様は意図的に少ししか描かず，すっきりさせたい」などと，制作上譲れない思いなどを伝え合わせ，本番にうつりました。美しいととらえる価値は多様で，友だちの発表を聞いてさらにアイデアスケッチで悩む生徒もいました。しかし，回答共有の設定により，友だちの進行中の作品を見ることができるようにしたことや，提出期限にゆとりを持たせたことで，表現活動が苦手な生徒は，友だちの作品を参考にして課題への頑張りが見られました。

❷学習環境～制作の道のりを記録・共有する ICT

文様調べでは，検索のキーワードや検索方法，画像の保存，出典元を Google スライド上に表記することを教えました。Google スライド作成方法は，他教科でも教えられた時期なので，理解した生徒やタブレット操作や文字打ちに不慣れな生徒も操作の土台は整えられました。参考資料にする文様は，Google スライドにまとめましたが，主にロイロノートは，毎時の学習記録として，アイデアスケッチや彩色の途中作品の提出・回収を行いました。アイデアスケッチでは，従来は紙面のワークシートでした。紙面によるワークシートは描いては消して修正していくため，「前時のアイデアスケッチの方がよかった」と惜しむ生徒もいます。今回のアイデアスケッチは，全員に紙面によるワークシートとデジタル画面でも描けるようにし，描きやすい方法を選択させ提出させました。図案で悩む生徒に対しては，個の実態に応じた事例で返信し，次週まで考える機会を設けました。デジタル紙面上で描いた生徒は，ロイロノートのカードの複製機能を利用して，図案を複製して加筆・修正するなど比較し検討をしました。長期休業中タブレットの持ち帰りが可能になりました。制作し作品が引き立つように撮影をして提出する課題を課したところ，皿

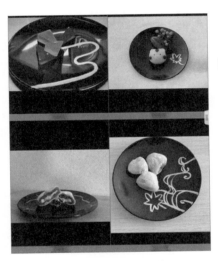

【図1　作品の見せ方】

【図2　発表の様子】

の図案にあった和菓子をのせる，畳の上で和紙を並べて撮影する，植物をのせ雪の上で撮影するなど，撮影を工夫して提出されました（図1）。共有画面設定にしていたので，指導ではなく先に投稿した友だちの作品を参考にして撮影に挑んだ生徒もいました。

作品発表会ではロイロノートを活用し，作品を見やすくわかりやすい発表を心がけ原稿やスライドを作成しました。見せるために皿の背景処理に色紙や和紙を敷いて撮影し，制作過程を

画像で並べて補足説明を交えるなどの工夫が見られました（図2）。発表時は，評価基準を配付したシートに記入していたので，ロイロノートのテキストの色の効果的な見せ方や，発表者のプレゼンなどから，作品の見せ方などの気づきを増やせました。

2　探究ストーリー

❶皿に描く文様を探す

　地域で見られる自然物の紹介では，割とどこにでも見られる光景（あやめ，蓮，水芭蕉，稲，白鳥，吹雪，渡り鳥）を挙げていて，「自分が印象に残る地域の光景は？」と，発問を加えました。発問から，地域の栗駒山の紅葉の色合いや葉の形に着目する生徒，植物や果物がある風情に着目するなど，自分が美しいととらえる光景を思い浮かべ文様探しの視点が絞られました。文様探しは書籍等を用意しましたが，圧倒的にウェブ情報で探していました。文様を調べさせたので，文様名を知る生徒や比較鑑賞を楽しむ生徒，「ウェブ上の文様をトリミングすると，また雰囲気が違う」といった感想もありました。同時に Google スライドについては，リンク元を貼り付けることや書体の変更など，経験不足から操作が難しかったことをつぶやいていました。コマさんは，地域の状況をイメージする場面では，図3のような内容を挙げました。季節の移り変わりで見られる地域の自然物を短時間で思い浮かべられていました。スライドにまとめた段階で黄金色のイメージから稲穂を見せる図案にしました（図4）。

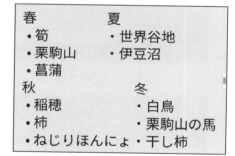

春　　　　夏
・筍　　　　・世界谷地
・栗駒山　　・伊豆沼
・菖蒲
秋　　　　　冬
・稲穂　　　　・白鳥
・柿　　　　　・栗駒山の馬
・ねじりほんにょ・干し柿

【図3　地域で紹介したい光景】

【図4　Google スライド】

❷アイデアスケッチから作品へ

　作品に表す前に，原寸サイズでアイデアスケッチを描きました。アイデアスケッチでは，Google スライドで提出した文様や，収集時に画像保存した文様も参考にしました。この場面で，ワークシートは2パターン用意しました。1つは，紙媒体の従来のワークシートです。もう1つは，ロイロノート上に配信したタブレット画面上で描くためのデジタル紙面ワークシートです。生徒たちにはどちらを利用してもよい指示をしました。黒地の皿に絵をどのように描くのか，文様の配置，大きさ，形の省略，線の太さなどを吟味して描きました。

　丸い黒地の皿の中に描く金の色の割合について美しい構成になるか構想を練っていた時は，「とんぼ文様をリピテーションで描くと単調な感じがしてつまらない」「線の太さで強調すると

引き締まって良い感じ」「同じ文様でも大・小変化をつけた図案にする方がいいな」などと，探した文様をどのように効果的に配置し描くのか試行錯誤が見られました。紙媒体のワークシート，デジタル配信のワークシートどちらも長所・短所がありました。今回試みたデジタル配信のワークシートは，原寸サイズの黒画面で配信しました。生徒たちはスタイラスペンで色をつけて描くことができたため，図案に色がつけられるので完成作品のイメージを想起しながら描いた生徒もいました（図5）。逆に，細い線や筆の動きを活かしながら描きたい生徒にとっては，「デジタルはイメージ通りではない。筆ペンでアイデアスケッチを描きたい」とつぶやき，鉛筆ではなく筆ペンで紙のワークシートに描いて構想を練った生徒もいました。コマさんは，稲穂の穂の部分をしっかり表現したかったので，紙媒体に描いては消して構想を整理しました。特に稲穂の形や稲の茎部分を丁寧に描いていました。紙媒体に描けても，湾曲した皿に描けるのか不安になり，穂の形や茎の部分など少しずつ黒く塗りつぶして表現するイメージを整理していきました（図6）。アイデアスケッチ3回目は，途中のアイデアスケッチをグループ内

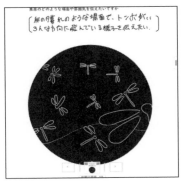

【図5　デジタルのワークシートの記入例】

【図6　紙のワークシートの記入例】

で紹介し合い，自分がとらえた価値が伝わる図案になるように助言する機会を設けました。「金の色が多過ぎてくどい。塗る量を減らした方が良い」「寂しいような，すっきりするような印象もする」など，感じたことを伝え合わせました。

　皿の描画は下書きせず，筆一本で描いたのち金粉を振りかけて仕上げました。金粉を振りかけて自分が考えた図案が黒地に発色した時は，歓声があがりました。完成作品はロイロノートで発表することを伝え，見やすくわかりやすい内容にすることを条件に準備をさせました。

❸制作の過程と地域の魅力を伝える発表

　発表会では，友だちに自分が考える地域の美しい場面について完成作品とともに紹介しました。地域について自分が感じていることを，思いを込めて発表している生徒が多くいました。「自分の作品以外に友だちの発表からも地域のことを思い浮かべることができた」と感想もありました。紅葉文様や桜文様を活かした作品は多くありましたが，菖蒲や蓮文様，雪文様，鹿の文様，鳥（鷺やマガン）文様など，地域ならではの自然物から文様を探し表現していた生徒作品もあり魅力を感じました。コマさんは，課題設定から，アイデアスケッチ，毎時の進捗状況を並べて，表現の工夫点や制作中の技能での苦労等について紹介しました。完成作品は，紫色の色画用紙の上で撮影し，すっきりと作品が見られるように撮影していました（図7）。長期休業中に菓子をのせた皿は，見栄えが良いと判断した生徒は積極的に活用していました。長

期休業中の課題は，和菓子ののせ方についても「テーブルコーディネート」，「茶道」といったことばを検索して見せ方について考えたことや，友だちの投稿画像を見て互いに話題にしていたことなど，裏話についても発表会で話題になりました。

本来ならば，地域のひな祭りの場で完成作品を飾り，地域の方々にも作品を見ていただく予定でしたが，ご時世もあって中止になりました。そのため校内での展示になりました。校内のみで展示でしたが，展示方法を工夫して意見をいただくことができました。

稲文様の皿
栗原市で思い浮かぶものが、稲穂だったのと、稲穂は金色のイメージがあるので、この文様にしました。

【図7　コマさんのスライド（一部）】

3 評価・ふりかえり

❶評価

本題材の成果物の評価から，コマさんを事例に記します。コマさんは，稲を紹介したいと決め稲の文様を探し，稲の穂先や茎の部分を見せたいと判断しました。発表会では，地域の魅力として選んだ意図，文様の活かし方，稲穂の穂や茎の部分を工夫して描いたことなどに触れて説明をしました。よって，思考（内容）をＡと判断しました。ロイロノートによる発表で，紹介するのに選択したテキスト色は濃い黄色の背景に稲文様と大きな黒字書体で示されました。発表時は，制作過程のアイデアスケッチ画像を一時的に大きく見せる，完成作品を大きく見せるなどの発表の仕方にも工夫が見られたので，表現（見た目）もＡにしました。

思考（内容）でＣ評価の生徒は，収集時のGoogleスライドにまとめ発表した時に曖昧な発表だった生徒です。この場面を機に作品として見せたい，伝えたい内容は何か自分に問い直すことで，アイデアスケッチを描いた生徒は思考が明確になり評価ＢやＡになった生徒もいます。同時に自分の作品に自信がつき表現の評価も良い内容になりました。雪の文様を作品にしたハナさんを例にすると，Googleスライドにまとめた当初は，「栗駒にはきれいな川がいっぱいあるから川を選びました。」といった理由で，観世水文様を提出していました。その後，見せたい内容を考え直し，雪文様を選び作品に仕上げました。作品に描くのは難しかった技能について発表もしていましたが，自身の価値を踏まえた発表でしたので，思考（内容）でＡと判断しました。

❷子どもたちのふりかえり

作品発表会で，印象的だった生徒の事例を２点紹介します。大人からすると何気ない季節の様子かもしれません。しかし，地域で紹介したいものをそれぞれの価値意識を大事にして作品に込めていました。技能面での感想の半数は，修正が難しい材料だから慎重になったことや，微妙な線の太さで金色の印象が変わることなどが発表されていました。

　カイさんは，星の文様（図８）を描きました。「栗原はとても星が綺麗なので，星の文様も良いなと思い調べました。輝く星の文様があることがわかりました。でも，線が真っ直ぐの文様だったので，皿に描くには難しかったです。」事前のスライド提出では，観世水文様を提出した生徒ですが，最終的に星文様を探し，星を何個描くとよいのか考え作品にしました。

　ソラさんは，着物の柄からツバメを選びました。「ツバメが家の車庫に巣を作ってツバメが大きくなって巣立っていく様子を見ていて燕文様を選んだ。ツバメが飛びたっている様子と，大きくなったツバメが遊んでいる２つの様子を描いた。黒地を多く見せたかったので，ツバメの数を３羽にした。」ソラさんは，収集時のスライド提出の段階から一貫して，ツバメを選び，アイデアスケッチの段階でも伝えたい思いは変わらず作品に仕上げました（図９）。

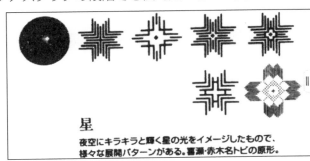

星
夜空にキラキラと輝く星の光をイメージしたもので，様々な展開パターンがある。喜瀬・赤木名トビの原形。

【図８　星の文様】

【図９　燕文様】

❸教師のふりかえり

　本実践は，機器操作については積極的に活用している学校に比べて駆け出しの内容に過ぎません。授業デザインの内容についても，改善内容は多々あります。私自身も初めて使用したロイロノートは，今後の学習に活用できることがわかりました。特に今回の教材で有効だったのは，作品と同じ大きさと形で，黒い色に塗りつぶしたワークシート

の配信でした。スタイラスペンで描かれたアイデアスケッチが提出された時はいささか新鮮でした。同時に生徒自身が描きやすい描画を選択して提出されたアイデアスケッチは，多様性があってよいと感じました。地域に目を向け生徒自身が調べた文様を活かし作品にしたことで，個々のとらえた美しさを発表から受けとめることができました。特に発表会では，自分の考えを文字と画像を交え伝えることで，発表内容にも深みのある時間になりました。今後も発想・構想したことが，表現活動に活かされるように，生徒自身が「やってみたい」「面白そう」といった思いを引き出せるような授業提案を今後も大事にしたいです。

（矢﨑ひさ）

10　3年・数学「標本調査とデータの活用」

【情報活用型プロジェクト学習　単元デザインシート】

ア．学年・教科：3年・数学

ウ．プロジェクトのミッション

　自分たちの睡眠時間をもとに，「疑問」や「問い」をさらに追究してみよう

単元目標
- 知識及び技能　　　　　　：標本調査の必要性と意味を理解し，PC等を活用して無作為に標本を取り出し，整理
- 思考力，判断力，表現力等：標本調査の方法や結果を批判的に考察し表現することができ，簡単な場合について標
- 学びに向かう力，人間性等：標本調査について，その良さを実感して粘り強く考え，学んだことを生活や学習に活かそうとし

オ．収集「睡眠時間調査・追究プロジェクト」	カ．編集「設定した課題の追まとめよう」

a. 課題づくり

授業で扱った自分たちの平均睡眠時間を振り返る
自分たちの睡眠時間の結果から，新たな疑問や問いを追究

h. 統計資料

睡眠時間や関連しそうな他の要素の調査結果
比較や関連づけるのに適切なデータかどうか

d. アンケート

クラスの生徒全員
睡眠時間と関連がありそうな要素（学習時間，スマホ時間等）

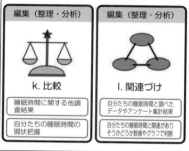

k. 比較

睡眠時間に関する他調査結果
自分たちの睡眠時間の現状把握

l. 関連づけ

自分たちの睡眠時間と調べたデータやアンケート集計結果
自分たちの睡眠時間と関連がありそうかどうか数値やグラフで判断

ク．情報活用能力（○この単元で育成したい　□この単元で発揮してほしい）

□複数の情報から新たな疑問や問いの解決の見通しを持つ(B2L4)
○課題解決に必要なデータの検索及び収集　(A3L3)

□箱ひげ図等を作成し，課題の解決に
○複数のデータを比較・関連

ケ．授業展開・教師の手立て

・この単元で扱った自分たちの平均睡眠時間の授業をきっかけとし，自分たちの睡眠時間について，新たな疑問や問いから課題を見いだし，それらを追究するための手立てについて考える②⑥ ・設定した課題内容に応じて，追加調査やデータ検索等を行う⑬⑮ ・生活班（4，5人）ごとに検証方法の見通しを持つ⑦	・GeoGebra（数学の無料スプレッドシート，ウェブサ題解決に向けて収集したデーを作成したりして分析をする・調べた結果のうち，伝えたラフ等をスライドに貼り，Googleスライドにまとめる

（　1　）時間

ルーブリック	S	A
思考 （内容）	目的に応じた統計的手法を活用し，複数のデータを比較・関連づけすることで，現状や分布の傾向を的確に把握し，結論づけできている。	目的に応じた統計的手法を活用し，複数のデータを比較・関連づけすることで，現状や分布の傾向を把握できている。
表現 （見た目）	箱ひげ図や表などを用い，複数のデータを比較・関連づけた結果のうち，主張したい点がより伝わるように表現を工夫している。	箱ひげ図や表などを用い，複数のデータを比較・関連づけた結果に基づいて，示すことができている。

イ．単元名：「標本調査とデータの活用」

エ．期待する成果物
　追究してわかったことについて，これまで学習してきたこと（箱ひげ図や
ヒストグラム等）を効果的に用いてまとめられた１枚のスライド

することができる。
本調査を行い，母集団の傾向を推定し判断することができる。
たり，活用した問題解決の過程を振り返って評価・改善しようとしたり，多様な考えを認め，より良く問題解決しようとしたりする。

究に向けてデータを分析して，	キ．発信「睡眠時間調査・追究報告」

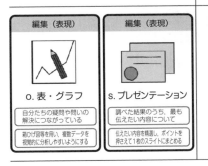

適切かどうか批判的に考察する(B3L4) づけしてのデータ分析（B2L4)	□主張やグラフ等の特性を効果的に組み合わせたスライドの工夫(B6L3) ○１枚スライドとその主張を評価・改善する（B8L3)
デジタルツール）や Google イトを利用し，自分たちの課 タを表にまとめたり，グラフ ㉙ い内容を精選し，作成したグ 分析を描き加え，１枚の ㉖ （　２　）時間	・各班から２人ずつ他の班へ派遣し，直接，スライドを用い て説明し，質疑応答をすることで，考えを修正したり確信が 持てたりできるようにする㊱㊶ ・まとめたスライドを共有し，Google スライドのコメント 機能を利用して，クラス内で相互評価を行う㊲ ・コメントをもとに追加訂正を行う㉜㉞ （　１　）時間

B	C
統計的手法を活用し，複数のデータを比較・関連づけしようとしているが，適切ではなかったり，不十分であったりする。	統計的手法について理解が足りず，データの取扱いが，適切ではない。
箱ひげ図や表などを用いているが，説明や示し方が不十分である。	箱ひげ図や表などを用いて，データの特徴を示すことができていない。

1 ステップアップポイント

数学の教科書内容を現実や実社会と結びつけようとしても，取ってつけた感が否めなかったり，当然授業ですから単元内容優先で表現に制約がかかり過ぎたりすることが多いと思っていました。したがって，自分たちの授業で扱った自分たちのデータがきっかけで，内発的に生まれた疑問や課題に対して，自ら問いを設定し，取り組ませることができたらというところから，このプロジェクトを構想していきました。

今回の学習指導要領において，数学的活動における問題発見・解決の過程には，主に2つの過程を考えることができるとし，図1のようなイメージ図が示されました。今回のプロジェクト計画にあたり，この『現実の世界』を含む左側のサイクルの「日常生活や社会の事象の数学化」の部分において，教科書内容に沿った通常の授業をきっかけとし，「生徒の中に生まれた新たな疑問や問いの追究をもとに情報活用型PBLへ発展させて，2サイクル目を回す

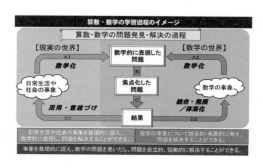

【図1　算数・数学の学習過程
（文部科学省，2017）】

ことができないか」というところから，今回の小単元をデザインしました。

❶主体的な学び～単元末に自らの課題を設定する

そこで，3年数学科「標本調査とデータの活用」の単元において，「自分たちの中学校3年生の全生徒180人の，1日の平均睡眠時間は何時間だろうか」という課題に対し，標本調査の結果から母集団の傾向を推定，他集団との比較を行った「自分たちの睡眠時間調査」という「標本調査」の授業を発端としたプロジェクトを提案しました（図2）。

授業において，「ふりかえり」というものを行いますが，その時間の学びを振り返る際にその過程における新たな疑問や課題などが生まれたとしても，限られた授業時数の中，そう何回も発展的に取り上げたり，さらに深めたりできるわけではありません。ただ，ここで終わるのは口惜しく，せっかく取り組んだ授業で出てきた疑問や課題をさらに学びとして活かし，深めることはできないか以前よりずっと思っていました。

そして，今回取り扱った「自分たちの睡眠時間調査」における学びをきっかけに生まれた疑問や課題に対して，自ら問いを設定し，これまで学んできたことをもとに発展的

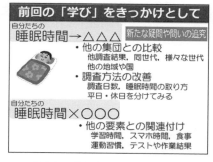

【図2　導入時の授業スライド】

な課題学習「睡眠時間調査・追究プロジェクト」という単元末のパフォーマンス課題として位置づけ，この単元のまとめだけではなく，中学校3年間で行ってきた数学科の領域「データの

活用」のまとめとして，以下の条件に基づき，取り組むこととしました。

・課題設定の際には，必ず自分たちのクラスの平均睡眠時間のデータを用い，それをもとに数学的手法を用いて調査や分析を行い，他の集団のデータや要素と比較・関連づけをし，１枚のGoogleスライドでまとめること

・既習の内容だけでは調べたことを表現し足りないという生徒も踏まえ，総務省統計局の「なるほど統計学園」を紹介し，グラフ作成の際の参考にしてもよいこと

　また，今回のプロジェクトは課題を自ら設定する＋標本数が少な過ぎて傾向も何も出ないことも予想されるため，正しい結論が出るとは限らず，さまざまなチャレンジ，試行錯誤の経験を重視し，まとめの際の結論の部分は「結果よくわからなかったでもいい。逆に結論もはっきりしない課題に対して，数時間の取組で○○なことがわかったというのは都合のいい話」と課題設定前の最初の授業で全体確認し，いい結果が得られなくてもどこかで折り合いをつけ，どのようにまとめ仕上げていくかを大切にするという方針で，活動に取り組ませました。

❷個別最適な学び〜個人の活動と協働を組み合わせる

　グループ活動と学習の個性化の両立を図る工夫として，以下の３点を組み入れました。

・一人ひとりが調べたいことをクラス全体にアンケート調査やテスト等を行うと，データ収集に協力する方も大変なので，それぞれの班内で共通した課題を設定し，クラス内での追加調査をすることはOK。例えば，内容に応じて，必要なら各班でGoogleフォームを利用しての追加調査（アンケート項目は厳選し，それぞれの班２，３個）等。ただし，まとめる際に取り上げる内容，結論は班で統一する必要はなく，個人によってちがってかまわないこと

・班で収集したデータは共有し，自分の課題分析には情報端末（本校はChromebook）を用いて，授業で扱った（もしくは紹介した）ウェブソフト（アプリ）のうち，自分が主張したいことを整理・分析・表現できるものを選択し，中学校の数学科で扱ってきた図やグラフ（ヒストグラム，度数分布多角形，累積度数折れ線，箱ひげ図，X-Yグラフ等）を必ず自分で作成し，必ず１つはスライドに貼り付けること。班内での相談やサポートはOK

・発表に関しては，個人でまとめたスライド内容のこだわり部分について，しっかりと個で発表や質疑応答できる場をつくるために，全体発表ではなく，「特派員」という話し合いの技法をヒントにした形のグループ間交流を実施

2　探究ストーリー

　今回取り組んだ追究プロジェクトの流れをあるクラスの２班の様子をもとに追っていきます。

❶多様な疑問から収集すべきデータを明確にする

①「疑問」や「課題」から問いを自ら設定し，追究するための手立てについて考える

　授業で行った本校３年生の平均睡眠時間調査結果に対して，比較する対象を何にするかという過程で，「判断力と睡眠時間の関係」に注目し，班内で「判断力」とは何を調べることによ

って測ったといえるかを議論。今回の実験では「判断力」を「後出しじゃんけんで負けるように対象者に指示をし，3回実施したうちの成功した回数（後出しじゃんけんで負けたらカウント）」をもとに調べることになりました（図3）。

【図3　班内で後出しじゃんけんを試行する】

②調査，データ検索等での資料収集等を行う

　多くの班が Google フォームでアンケート調査を実施する中，2班は実際に後出しじゃんけんの結果データを収集するために分担を決めたあと，調査員として各班をめぐり，趣旨を説明後，後出しじゃんけんを実際に行い，データを直接収集していきました（図4）。一度に複数人（2，3人ずつ）相手にじゃんけんをしながら，1日の平均睡眠時間も聞き，データを収集。いざ後出しじゃんけんをすると，じゃんけんの対象者は慣れていないために，調査員につられて同時に出してしまうなどの「手」を出すタイミングのずれなどでやり直しが求められ，データ収集に苦労していました。

【図4　各班をめぐりデータ収集】

❷グラフに表し，伝えたいことを明確にする

①自分たちの課題解決に向けて収集したデータを表やグラフで分析をする

　1つ1つのデータをヒストグラムや箱ひげ図などどのグラフや図で表すのかで，見え方やわかることが大きく変わる中，今回は GeoGebra というアプリを選択し，箱ひげ図をかいてみると，図5の左側のようなグラフになりました。箱ひげはできたものの，このデータ結果から何かを見いだそうとしても，難しかったようです。単元導入時に「調査には協力する人の大切な時間を奪うことになるので，2回目の追加調査をする場合は慎重に」という説明をしていた＋授業で使える時間は限られているということで，1回目の調査で折り合いをつけ，2回目の追加調査を実施する班はいない中，2班は2回目の調査の実施を決断。それぞれの班がグラフ分析やプレゼン作りをしている中，申し訳なさそうに調査協力をお願いしていました。2回目の調査をするにあたり，1回目調査の反省から調査方法のうち，2点の改善が行われました。

・1回目の時の調査で他班のメンバーから「1人ずつ後出しじゃんけんをしてデータを収集すべき」という指摘。そこで，2回目の調査は1人ずつのデータ収集を実施
・後出しのタイミングは感覚的なものになるが，調査の前に「じゃんけんぽん"ぽん"のタイミングで出すように」とお願い

　改善点に基づき，再調査し，外れ値等を考慮してできたのが図5右側の箱ひげ図です。

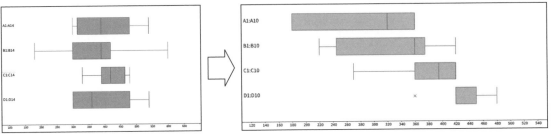

【図5　生徒が作成した箱ひげ図（左側：調査１回目　右側：調査２回目）】

②伝えたい内容を精選し，１枚の Google スライドにまとめる

　調べたデータ自体は班内で共有し，スライド内の構成や結論も各自でデータから判断ということで取り組ませました。同じデータを用いる以上，言いたいことは人によってほぼいっしょでも，１枚のスライドに載せる情報量はちがい，「使い方や表し方，考察の内容次第で１枚スライドの情報の受け取り方が変わり，データ自体を受け取る側の感じ取られる意味が大きく変わってくる〔授業ふりかえりより〕」と発表の際に強く感じたようです。１枚スライドという条件の中，自分が必要だと思う情報の取捨選択が行われ，例えば，この班のメンバーのスライドも，調査１回目の結果を載せた人，成功回数の多さと箱ひげ図の箱の位置等を関連づけてことばで説明する人，平均値などのデータ項目を選んだ上でそれらがまとまった表を貼り付けた人，グラフを貼ってほぼ終わった人などスライド内容にはさまざまな特徴が出ました。

❸個別に発信し，ふりかえりを共有する

①各班から２人ずつ他の班へ派遣し，直接，スライドを用いて説明し，質疑応答

　作成したスライドの発表は全体発表ではなく，４，５人班のうち２人が他の班（指定）へ出かけて，双方の班が１人ずつ画面を直接見せたり，共有ドライブのデータを直接見てもらったりしながらの発表，残りの人が発表のフォローを行い，その後質疑応答という活動を３回行い，１人１回は必ず発表の場がある形を取りました。そして，自分の班に戻ったあと，どのような発表があったのかの情報共有を行いました。

②発表を聴いた１枚スライドに，ひと言コメントを記入

　最後に自分の班で，それぞれが得た発表内容の情報を共有したあと，派遣先でスライド説明を受けた人へ，スライドのコメント機能を利用してひと言コメントを記入しました（図６）。

【３年C組】✔ ⋮
11:29 12月21日
「睡眠時間が長いほど判断力がよくなる」ということがわかりやすい結果ですごいと思いました。
わかることや，「ここから〜といえる」というように言葉などを付け足すともっとよいスライドになると思います！

【図６　ある生徒のひと言コメント】

3 評価・ふりかえり

❶評価

図7は探究ストーリーでも取り上げた2班の生徒が最終提出物とした1枚スライドです。クラス内で発表後，ひと言コメントにもプラス内容のコメントが多く，本人も特に修正することなく提出をしました。

グラフで現れた結果も非常に興味深いのですが，この班の素晴らしいところは1回目の調査

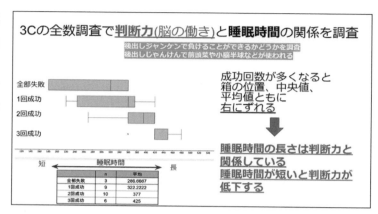

【図7　2班の生徒の1枚スライド】

を受け，改善すべきところは改善し，粘り強く再チャレンジし，探究のスパイラルの2巡目を自分たちで回し，さらに結果を示したところでした。1回目の調査終了時，授業者はこの班に特にアドバイスをしていません。課題解決に向けて自分たちでまさしく"判断"し，行動した生徒たちの大きな成長を感じさせてくれるものでした。

当単元で設定した本情報活用型 PBL のルーブリックに照らし合わせて述べます。

・思考（内容）

スライドに貼り付けるグラフを「平均睡眠時間」と「後出しじゃんけんの結果」の関係を表すために，ヒストグラムを選択。箱ひげ図や表の平均の結果に注目すると，成功回数が多くなると箱の位置，中央値は右にずれ，平均睡眠時間の平均値も大きくなっています。このことから睡眠時間の長さと今回定義した「判断力」とは関係があるとしています。この関係だけで「睡眠時が短いと判断力が低下する」というのは言い切れないと思いますが，本時の目標は十分クリアととらえました。また，若干ことばの説明が足りないところがあったとしても，今回のスライドは1枚で，「情報量は人に伝わる必要最低限のもので，できるだけシンプルでわかりやすいものに！」と呼びかけていたのでこれだけのことが言えたなら，文句なしの「S」評価。

・表現（見た目）

傾向が見た目ではっきりとわかる箱ひげ図，特徴を押さえた結論づけの記述ができていますので，こちらも「S」評価。

❷子どもたちのふりかえり

この実践のふりかえりに書かれてあった生徒の感想や学び等について以下のようなものがあ

りました。

・偏りのない結果を出すためには，「情報収集の段階でより多くのデータを集める。そしてデータから読み取ったことから疑問や解決策を考える際は自分の主観を含めず多角的に考える。」といったように情報活用において大切なのは一つ一つの段階で気をつけなければならないこと，工夫できることをしっかり考えることが大切だと感じた。また結果から湧いた疑問について数学を超えて考え，より具体的に追究することで，取組を深めることができた。

・この情報や調査結果から自分が考えたことを言い切ることができるのかなど，批判的に見る力が全体的に大切だったと思う。自分が言いたいことによってどの値を見るかが変わってくるので判断も大切だと思った。

・実際の生のデータの傾向の読み取りにくさや，自分が立てた仮説とはちがう結果になった時，どう結論づけるかを考えることがデータをまとめるだけでなく大切だと感じた。また，アンケートの協力の必要性や，データの出典元を提示することの大切さなど，数学のことだけでなく日々の生活にも活かせることが多く学べたと思う。

❸教師のふりかえり

限られた時数の中，課題設定自体が生徒自身，答えや結論がどうなるかわからないところからの学習活動で，当初，どのような授業になるのか不安はありましたが，生徒たちは自分の予想をはるかに上回る活動や学びの姿を見せてくれました。探究のストーリーに取り上げた班をはじめ，結果がよくわからない中でも何か見いだすことはできないかと探究する姿は，予測不能な時代に向け，強く立ち向かっていく学びの姿だと感じました。

今回の生徒たちは2年前に『探究する学びをデザインする！情報活用型プロジェクト学習ガイドブック』の実践7を行った時の生徒たちで，あれから2年，本プロジェクトで本当にたくましく成長してくれた姿を見せてくれるとともに結果も示してくれて誇らしく思います。

今回取り組んだような日常生活や社会とのつながりの授業における探究的な学びとなると，教科書内容以外のことも取り扱うため，数学科の授業として成立するのか，評価はどうするのかなど，その取り扱いの難しさを感じざるを得ません。しかし，今回のような学びの姿は，まちがいなく「年に一度でいいから，どこかの単元において情報活用型PBLを取り入れ，生徒たちに探究的な学びを意図的に経験させていく授業を組み込んで取り組んできた成果」だと思っています。そして，「教科横断」という視点でのカリキュラムづくりや総合的な学習の時間におけるさまざまな教科の「学びの融合」のようなことを意識的に取り組んでいくことが，これからより重要になってくると感じています。

（高田　誠）

11　3年・技術・家庭「B　生物育成の技術」

【情報活用型プロジェクト学習　単元デザインシート】

ア．学年・教科：3年・技術・家庭（技術分野）

ウ．プロジェクトのミッション 　　地域の自然環境に配慮した新たな視点の野菜づくりを提案する

単元目標
・知識及び技能　　　　　　：栽培計画を理解し，安全・適切な栽培ができる。
・思考力，判断力，表現力等：野菜の成長に適した管理を比較・検討し，対応を工夫することができる。
・学びに向かう力，人間性等：自然環境や消費者の安全に配慮し，新しい発想を取り入れた栽培計画を作成しようと

オ．収集「栽培方法について考えよう」	カ．編集「目的に応じた植物 う」
 収集 a. 課題づくり 地域の野菜づくりの課題 テクノロジーの活用　　収集  c. ウェブ 野菜づくりなど 栽培方法・植物工場など	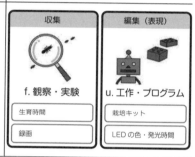 収集 f. 観察・実験 生育時間 録画　　編集（表現） u. 工作・プログラム 栽培キット LED の色・発光時間

ク．情報活用能力（○この単元で育成したい　□この単元で発揮してほしい）	
□必要な情報を検索し，比較検討する（A3L3） ○情報を組み合わせることで解決方法を見いだす（B3L3）	□既習事項を活用し栽培キッ ○動画をもとに比較検討し成

ケ．授業展開・教師の手立て	
・豆苗の栽培方法（水耕栽培）について情報収集し，スライドにまとめる⑩ ・テクノロジーを活用した植物工場での課題解決方法について知る⑥⑬⑮ ・農業の地域課題について探る⑤ ・地域課題を解決するためのグループでの提案について，プロジェクトを考える②⑥ （　3　）時間	・プロジェクトに基づいて栽 ・LED の発光時間や発光色 ・自然環境内での栽培と栽培 動画で撮影し，成長を観察す ・動画を比較・検証し，栽培 のちがいについてグループで ・話し合った結果をスライド

ルーブリック	S	A
思考 （内容）	自然栽培や他のグループの栽培キットでの栽培と比較しながら，新たな発想について説明できる。また，地域課題の解決について提案ができる。	自然栽培と栽培キットでの栽培を比較し，新たな発想について説明できる。また，地域課題の解決について提案ができる。
表現 （見た目）	栽培の動画や栽培キットの写真を活用し，水耕栽培のメリットやデメリットについてや新しい栽培についてスライドをまとめている。また，地域への提案を具体的に行っている。	栽培の動画や栽培キットの写真を活用し，水耕栽培のメリットやデメリットについてや新しい栽培についてスライドをまとめている。また，地域への提案を行っている。

イ．単元名：「B　生物育成の技術」（2）イ生物育成の技術による問題の解決
エ．期待する成果物 **地域に新たな視点での野菜づくりを伝える**

する。

工場を作成し比較・検討しよ	キ．発信「野菜づくりの新たな視点を発信しよう」

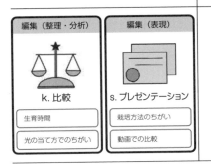

ト を作成する（C1L3） 長のちがいを表現する（C6L2）	□新たな野菜づくりへの提案を行う（B3L3） ○これまでの学習へのふりかえりを行い，今後の地域での課題解決への提案をする（B8L3）
培キットを作成する㉑㉒ をプログラミングする㉑㉒ キットを用いた栽培について る㉚ 方法のちがいによっての成長 話し合う⑰㉓ にまとめる㉓	・ウェブページ（プレゼンテーション資料をまとめたもの） を参考に各グループと比較しながら，新たな野菜づくりについて振り返る㉝㉞
（　6　）時間	（　1　）時間

B	C
自然栽培と栽培キットでの栽培を比較し，新たな発想について説明ができる。	栽培キットを作成し，栽培したものの，自然栽培との比較や新たな発想について説明ができない。
栽培の動画や栽培キットの写真を活用し，新しい栽培についてスライドにまとめている。	調べた内容や栽培の動画等を活用し，スライドにまとめている。

1　ステップアップポイント

　技術・家庭科（技術分野）第３学年の学習内容「Ｂ　生物育成の技術（２）イ　生物育成の技術による問題解決」において，豆苗の栽培を題材に，情報活用型プロジェクト学習に取り組みました。中学校学習指導要領（平成29年告示）解説には，第３学年で取り上げる内容として，「これまでの学習を踏まえた統合的な問題について扱うこと」と示されています。そのため，この題材では学習内容を「Ｂ　生物育成の技術」としましたが，教科で３年間かけて学習してきた「Ａ　材料と加工の技術」「Ｃ　エネルギー変換の技術」「Ｄ　情報の技術」を統合したプロジェクトにしました。

❶主体的な学び～課題を発見し，探究する人を育てる

　この題材でのミッションを「地域の自然環境に配慮した新たな視点の野菜づくりを提案する」としました。主体的に探究するための「課題づくり」のポイントとして，「人物設定」「時間設定」「条件設定」の３つの視点で行いました。具体的に「人物設定」では，生徒が地域の農作物の生産者に対し，新たな視点での野菜づくりを提案するとしました。生徒に生産者視点だけでなく，新たな技術の提案者視点を持たせようとしました。「時間設定」では，作物が育ちにくい秋から冬にかけて，いかに効率的に育てるかの視点を持たせました。効率よく生産するために既存の技術を利用したり，組み合わせたりする視点を持たせようとしました。「条件設定」では，地域の自然に配慮することとしています。野菜を育てる地域の自然風土に着目し，どのような視点で提案をするのかを課題としました。地域の自然風土に着目させることで，地域を知り，農作物を知った上での提案をすることで，提案される側が，何を考えているかに思いを巡らせるようにしました。

　本校では，GIGA スクール構想により，生徒一人ひとりが自由に使用できる Chromebook が配備されており，Google Workspace for Education を活用しています。生徒たちの学び方の選択肢として，使用するアプリ等の指定は行わず，生徒が自分で選択して使用するようにしました。ユニバーサルデザインの視点から，生徒が学びを楽しめる環境づくりを行うためです。１人１台環境は導入して１年足らずのため，生徒たちのスキルにはバラつきがあります。それでも Google Workspace のスライドやドキュメントの他，授業支援ツールのロイロノートなど，さまざまなアプリケーションを活用してきたことから，それぞれに使いやすさや活動によって向き不向きがあることを経験してきています。使用するアプリを指定してしまうと，そのアプリを使用することが苦手な生徒の意欲を減退させてしまったり，考えたことや調べたことをスピーディーに記録できなくなってしまったりすることも考えられます。生徒たちは，それぞれに得意なアプリを選択して探究を進めました。

❷協働的な学び～探究をつなぐ ICT 活用

　協働的に学びを推進していくために，３年間の技術・家庭科（技術分野）で学んできた学習

を活用し探究するための題材設定を行いました。「新たな視点での野菜づくり」を提案するため3，4名でグループをつくり，栽培キットを設計製作させました（図1）。

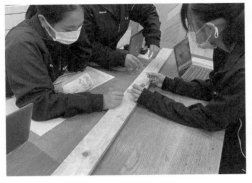

【図1　グループで製作に取り組む】

栽培キットを設計製作するために，グループで「野菜工場」ではどのような工夫をしているのかに着目させました。そうすることで設計製作する際に「キットの材料はどうする」「LED の設計をどうする」「水耕や土耕等の栽培方法をどうする」「電池の消費量をさげるためのプログラミングをどうする」などのさまざまな視点を見出し話し合いが行われます。また，これまで学んできたことをもとに多岐にわたる製作活動を進めていくことになるため，話し合いを通して課題解決のアイデアを出し合い，役割分担を検討し，それぞれに製作したものがつながるように絶えず話し合いながら学びを進めていくことになりました。キットを製作する生徒，プログラミングする生徒，栽培の準備をする生徒，LED の配線の設計製作する生徒と自分の得意分野に分かれ，協働的に製作が進むように働きかけを行いました。

グループの協働を効率的に進めるため，1人1台の環境を上手に活用している生徒たちの姿も見られました。Google スライドはクラウド上で同時編集ができるため，地域の自然や気候，農作物などそれぞれに調査した内容を共有するために活用されました。調べたウェブページのリンクをスライドに残しておくことで，情報をグループで共有したり，取捨選択したりすることが容易に行うことができました。また，栽培キットを製作するための構想図や LED の配線図等をかいたりしたものなど，学習過程を Google スライドや Google ドキュメントに残しておくことで，グループのポートフォリオのように活用していました（図2）。

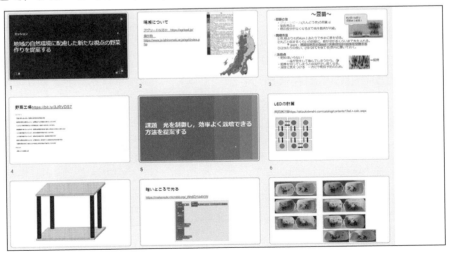

【図2　製作過程をスライドに残す】

2 探究ストーリー

　授業の実際について，ヒトミさんのグループがどのように探究していったのかを，授業を行った順番に基づいて「課題設定」「栽培キット製作」「提案」の順で述べていきます。

❶実社会のリアルな情報から課題を設定する

　授業のミッション「地域の自然環境に配慮した新たな視点の野菜づくりを提案する」ために，調査活動を行った上で，グループごとに具体的な課題を設定しました。

①地域の自然環境，農作物について

　市や学校付近で農業を法人化している会社のウェブページ，技術・家庭科や他教科の教科書や資料集を参考にし，地域の自然環境や農作物について調査活動を行いました。ヒトミさんのグループは自分たちが住んでいる地域では，農業や水産業が盛んであり，特に農業では水稲・施設園芸（花木，野菜）を中心に行っていることがわかりました。また，農業の担い手が少ないため，ドローンや無人トラクターなど，テクノロジーを活用して農業を営んでいることを掴んでいました。気候は東北地方としては比較的温暖で風の少ない地方ということもわかりました。このことから，１月～３月までの期間以外で農作物が栽培され収穫しやすい地域であることが特徴として挙げられ，農業や水産業に関わる次世代の人材育成や担い手の確保が課題として挙げられるとしていました。

②水耕栽培と土耕栽培について

　新たな視点を持つために，水耕栽培と土耕栽培を比較させました。水耕栽培については，「Ｂ　生物育成の技術（１）生活や社会を支える生物育成の技術」において，豆苗を栽培しました。土耕栽培については，これまでに栽培した経験があることから，容易に栽培方法の特徴について比較しまとめていました。その中から野菜づくりを行うために必要な要素として，光，土壌や培地，気温や水温，湿度，肥料や養液，衛生などについて気づくことができました。

③課題設定について

　ヒトミさんのグループのふりかえりの記述から，「地域の野菜づくりの特徴や課題，農作物の栽培方法を知り，テクノロジーを活用して課題解決に取り組んでいることがわかった。」とありました。課題設定に向けて，植物工場はどのような技術が導入されているかについて調査させました（図３）。植物工場の多くは，温度・湿度，光が管理されていることがわかりました。そこでヒトミさんグループは課題を，「光を制御し，効率よく栽培できる方法を提案する」としました。

【図３　課題解決のアイデアを探す】

❷既習事項を統合して栽培キットを製作する

　地域の農業を営んでいる方々に新たな視点での野菜づくりを提案するために，プロトタイプ（栽培キット）を製作し，実験（栽培）を行って，根拠をもとに提案することとしました。どのようにしてヒトミさんのグループが栽培キットを製作していったのかを，技術・家庭科（技術分野）の学習内容の視点から述べていきます。

①A　材料と加工の技術について

　栽培キットの外観を設計するために，Googleスライドを用いて，構想図をかきました（図4）。構想図をスライドでかくことで，グループ内で共有し，他のメンバーから意見をもらったり，意見に基づいて修正したりしていました。材料の工夫として，LEDの光を乱反射させ，植物により多くの光を届けるために，側面にアルミ箔を貼りました。また，太陽光がより多く集められるように，構造の工夫として，柱の配置を台形にしていました。

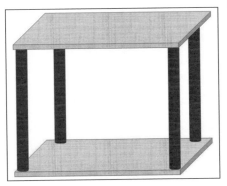

【図4　スライドで制作した構想図】

②B　生物育成の技術について

　収穫までの時間が短いことや失敗が少ないこと，また，栽培経験のあることから「豆苗」を栽培させました（図5）。光による栽培環境の調整方法や水の交換などの栽培計画を立てました。新たな視点での栽培方法を提案するために，ヒトミさんのグループは，栽培キットを使用

【図5　豆苗の栽培】

する場合と使用しない場合を比較することが必要で，同時に栽培していくことが同じ条件で栽培することとなるから，根拠にしやすいことに気づいていました。

　栽培しやすいLEDの光色について，植物工場では紫色が多く使用されていることを調べていました。

③C　エネルギー変換の技術について

　栽培キットの光を制御するために，9つのLEDの光らせるための配線の検討や，抵抗値の計算をさせました（図6）。また，LEDを紫色に光らせるために，LEDの配置や赤色と青色のLEDの個数についても考えさせました。ヒトミさんのグループは，赤色の強い紫色にするために，9つのLEDの中で赤色を6つにすることにしました。

【図6　LEDの配線を考える】

④D　情報の技術について

ヒトミさんのグループは，micro: bit を活用して，夜間だけでなく，曇りの日や雨の日など，栽培キットの周囲が暗くなったら，LED が光るプログラミングを考えていました（図7）。光センサーで周囲の明かりを検知し，LED に流れる電気エネルギーを制御しようとしていました。また，プログラムが動いているかわかるようにmicro: bit の LED を点灯させることで使用する人がわかりやすくしました。また，プログラムが動いている間，LED が点灯してい

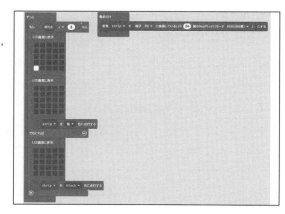

【図7　LED の点灯をプログラミングする】

なくても，電気エネルギーが消費されていることに気づき，プログラミングで解消しようと取り組んでいました。

❸学びの記録を活かして提案する

新たな視点での野菜づくりの提案について，プロトタイプ（栽培キット）を作成することで，豆苗を実際に栽培し，キットを使用した場合と使用していない場合を比較しました。ヒトミさんのグループは，ポートフォリオ的に活用した Google スライドからこれまでの学習を振り返り，「光をコントロールすることで，豆苗は約3倍早く育ちました。また，さまざまな技術を活用することで，農業に関わる人が少なくても効率よく，合理的に野菜づくりができると思います。」と新たな視点での野菜づくりに向けた提案を行いました。

3　評価・ふりかえり

❶評価

本実践では，成果物の1つである栽培キットについての説明や地域への提案をルーブリック評価に基づいて評価することを生徒に話しました。

思考については，どのような考えから栽培キットを作成し工夫を行ったのかを，ルーブリック的に使用している Google スライドの内容や授業のふりかえりから評価しました。また表現については，他者視点から見やすくわかりやすいスライドになっているかや，根拠をもとにしての説明となっているか等を総合的に判断して評価しました。

ルーブリック評価を示すことで，生徒は自分が目指すゴールと学ぶ内容を理解することができます。ゴールの理解が進むと生徒は自ら探究していくようになり，学びの幅だけでなく深さも出てくることが成果物からも読み取ることができます。

❷子どもたちのふりかえり

生徒たちが本実践をどのように振り返ったのか紹介します。

・1，2年生の時に学んだことのすべてをフルに活用し3年間のまとめの総合的な時間でした。この授業で私が学んだことは，情報やエネルギー変換などシステムとしてかみ合って，目的の機能を発揮することです。安全に配慮し，相手の意見を大切にできた濃度の高い楽しい時間でした。

・LED の光る色によって，植物の成長する早さにちがいがあることがわかった。プログラミングでは，光センサーを利用して目的に合った LED の光らせ方を表現するのが難しかった。今まで習ってきた3年間の集大成で学んだことを活かして製作に取り組むことがとても楽しかった。

・栽培キットをつくる際に，先生にアドバイスをもらいながら，アルミ箔で光を内側に反射させるようにすれば，より効率的だという案を考えることができました。身近なものを利用し工夫することを学びました。

・LED の色によって光合成が活性化され，植物の成長を早めることができることを学びました。栽培キットの製作では，LED の設置面積や豆苗の成長を考えた高さ，豆苗に集中的に光をあてられるように工夫しました。

・植物を栽培するにあたって，植物が育つために，光が必要な要素の1つなのは知っていました。しかし，実際に栽培キットを製作してみると，光の要素1つでも，太陽光なのか LED なのか，LED は何色に発光させればいいのか等たくさん考える内容がありました。また，光の色によって成長速度が異なるのも植物の面白いところだと思いました。植物を育てる学習で，材料と加工，エネルギー変換，情報などさまざまなことが学習できました。

❸教師のふりかえり

これまでも PBL の考え方を，技術による問題の解決場面に取り入れて授業を行ってきました。しかし，統合的な問題解決となると，生徒が本当の意味での探究を実践してくれないと学習が進まず，また，既習事項が身についていないと探究自体が成立しないことに気づかされました。

本実践を通して，1，2年生での技術・家庭科（技術分野）の学習内容で，系統的に計画的に知識及び技能を身につけさせ，それぞれの学習内容において技術による問題解決を実践し，学んだことを社会や生活の中でどのように活用・応用していくかを，技術科の教員として再度振り返る機会となりました。また，生徒が主体的に取り組むための課題設定や協働的に取り組ませるための題材設計，深めさせるための ICT の活用方法について再認識しました。

今一度，教科の目標や学習内容を見直し，学習の基盤となる言語能力や情報活用能力，問題発見・解決能力等を育成していくために，学習活動の質の向上を目指し，授業改善に日々取り組んでいきたいと思います。

（木村浩之）

12　2年・公民「平等権の保障」

【情報活用型プロジェクト学習　単元デザインシート】

ア．学年・教科：2年・公民

ウ．プロジェクトのミッション

富士見 Diversity Week を開催しよう！

単元目標
・知識及び技能　　　　　：誰もが生きやすい社会をつくるには，法律や教育などの社会構造の平等性が必要であ
・思考力，判断力，表現力等：多様性を考えるキャンペーンに向けて，マイノリティの困難と日本社会の構造の課題
・学びに向かう力，人間性等：多様性を考えるキャンペーンに向けて，マイノリティの困難と自分との関わりを繰り

オ．収集「マイノリティが抱える困難を調査しよう」

収集

a. 課題づくり

前年度生徒の動画

誰もが生きやすい社会をつくるために何を発信するか

収集

b. 図書

障害の種類や当事者の考え・思いを知る図書

障害，障害者，障害者雇用，人権，差別

収集

c. ウェブ

新聞データベース，人権や障害について考えるサイトのリンク集

障害，障害者，生きづらさ，差別，法律

カ．編集「マイノリティをめ　展示作品をつくろう」

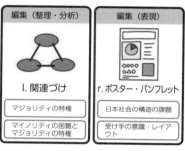

編集（整理・分析）

l. 関連づけ

マジョリティの特権

マイノリティの困難とマジョリティの特権

編集（表現）

r. ポスター・パンフレット

日本社会の構造の課題

受け手の意識・レイアウト

ク．情報活用能力（○この単元で育成したい　□この単元で発揮してほしい）

□データベースの使い方（A4L4） ○目的に応じた使い分け（A3L4）	□メディアの特性を活かした ○複数の情報から仮説を生成

ケ．授業展開・教師の手立て

・平等権に関する判例を知り，誰もが生きやすい社会をつくるためには課題があることに気づく① ・前年度生徒が作成した富士見 Diversity Week の紹介動画を見て，ミッションを知る③ ・図書を使ってマイノリティ（「障害者」「LGBTQ＋」「在日コリアン」）と出会い，テーマを選ぶ② ・マイノリティが抱える困難について個人で調べ，情報カードに書く⑪⑫⑬ 　　　　　　　　　　　　　　　　　（　3　）時間	・収集した情報を掲示板アプ ・教員が示した動画や文章か知る㉔ ・情報カードをもとに，マイの特権の関係を考える㉕ ・校内に向けて何をどう工夫り考え，展示作品をつくる⑯ ・展示作品の構想や下書きをックし合う㉓㉘

ルーブリック	S	A
思考 （内容）	マイノリティが抱える困難について，日本社会の構造の課題と関連づけて説明できる。また，課題解決について提案している。	マイノリティが抱える困難について，日本社会の構造の課題と関連づけて説明できる。
表現 （見た目）	見る人の関心や前提知識に配慮している。また，レイアウトや色彩，構成などメディアの特性を理解し，見る人の関心や思考を促すように表現を工夫している。	見る人の関心や前提知識に配慮している。また，レイアウトや色彩，構成などメディアの特性を理解して表現を工夫している。

イ．単元名：「平等権の保障」
エ．期待する成果物 　校内の生徒・教職員に，マイノリティをめぐる社会構造の課題を伝える展示作品をつくる

ることを理解する。
を関連づけながら，展示作品をつくる。
返し問いながら，できることを考えようとする。

ぐる社会構造の課題を伝える	キ．発信「富士見 Diversity Week を開催しよう」
 編集（表現） t. 動画 日本社会の構造の課題 受け手の意識・構成	 発信 x. 展示・公開 校内の生徒・教職員 校内のさまざまな場所　　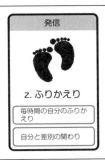 発信 z. ふりかえり 毎時間の自分のふりかえり 自分と差別の関わり
表現（B5L4） （B2L4）	□ふりかえりを次に活かす（B8L3） ○相手の関心や前提知識に配慮した工夫（B6L3）
リの Padlet で共有する㉘ ら「マジョリティの特権」を ノリティの困難とマジョリテ して発信したらよいかじっく ⑱ Padlet を使ってフィードバ （　5　）時間	・毎時間の自分のふりかえりをもとに，プロジェクト学習全体を通じて学んだことをふりかえる㉝㉞ ・有志の生徒が，校内で多くの人が足をとめて見てくれる場所を考え，展示する㉟ （　2　）時間

B	C
マイノリティが，どんな時，どんなことがあって，何に困っているのか説明できる。	マイノリティが，どんな時，どんなことがあって，何に困っているのか説明できない。
見る人の関心や前提知識に配慮している。	見る人の関心や前提知識に配慮していない。

1 ステップアップポイント

❶学習環境〜学習活動に応じた空間・情報・人材の活用

教室は黒板を正面にして，全員が同じ方向を向いて
教員からの指示を受けて学ぶという固定化したイメー
ジを持ちやすい場です。プロジェクトとしていつもと
ちがう学びの姿勢を促すために，開放的で，非日常的
な場である多目的ラウンジを選びました（図１）。教
室より空間が広い分，教員も動きやすく，生徒が集中
している時は見守る，停滞しているような時はそっと
声をかけるといったことがしやすくなりました。

【図１　多目的ラウンジ】

　情報収集のための基本となる資料は，司書教諭が学校図書館，公共図書館から借りて，ブッ
クトラックにのせて用意しました。教科教員と司書教諭で授業をつくっているので，どのよう
な資料をどれくらい用意しておけば適切か，もしなかった場合はどうするかなどのやりとりは
スムーズでした。授業以外の時も，気になる資料はいつでも生徒が自分で確認できるよう，ブ
ックトラックごと学校図書館で別置したことも工夫の一つです。休み時間や放課後で「もう少
し調べたい」という要望にも応えることができました。また紙の資料だけでなく，ネット情報
へのアクセスに関しても学校図書館の機能が発揮されました。本校独自の学校図書館のサイト
は，蔵書検索のみならず，百科事典，新聞記事検索などのデータベースの使い方の案内や，テ
ーマの関連サイトを紹介するリンク集にアクセスできるようになっています。よくわからない
ことをネットで闇雲に調べるよりも，信頼できるサイトを示しておくことで，生徒の調べる資
料の質も上がり，深い思考へも導きやすくなりました。

　また，オンラインで当事者や当事者に関わる方に出会う機会を
つくりました。Zoom を利用して，当事者の話を聴くだけでな
く対話を中心にしたイベントとして企画をしました（図２）。課
外の活動ということ，対話を重視するということで，定員を設け，
希望者の参加としました。テーマごと約２時間全３回のイベント
は，続けて参加する人，単発で参加する人とメンバーは入れ替わ
り，のべ39名が参加しました。資料を読んで当事者の生きづらさ
など頭でわかった気になっていたことも，ゲストの方の経験談や
私たちが当たり前で気づかなかったことへの投げかけには，はっ
とするものがあり，心へと響くものがありました。この場の体験
は少人数に限られたものの，イベント後の授業で様子を紹介する
ことで，参加者の気づきを共有できました。

【図２　オンラインイベントの
　　　告知ポスター】

❷学習評価〜教科の本質に迫るふりかえりとルーブリックの活用

　差別や多様性といったテーマは，「個人の理解や配慮が大切」という考えに向かいやすく，社会構造の問題として捉えることは簡単ではありません。過去２回の富士見 Diversity Week PBL では，教員に社会構造の視点が弱かったこともあって，生徒のふりかえりも個人についての記述がほとんどでした。しかし，社会構造からとらえることなしには，差別を本質的に理解できたことにはなりません。また，社会科の学びとしても不十分だと思いました。そこで，単元目標（知識及び技能）を「誰もが生きやすい社会をつくるには，法律や教育などの社会構造の平等性が必要であることを理解する」と設定しました。

　理解すべき内容を生徒が自らつかめるようにするため，毎時間のふりかえりを「日本の法律について」や「マジョリティの特権について」のように観点を与えて行いました。そして，ふりかえりの内容から，サポートが必要な生徒を見つけて個別に声がけをしたり，クラス全体に発信する内容を修正したりしました。また，ふりかえりは Padlet[1] を使用し，クラス全員が見られるようにしました。クラス全員が互いのふりかえりを見られるようにしたのは，他者の考えを知って自分の考えを見直したり，自分の取組方法を修正したりすることができると考えたからです。実際，他の生徒のふりかえりを熱心に読み，近くの席の生徒と話す様子や，自分の進捗の遅れに気づき計画を修正する様子が見られました。

　プロジェクトの最後は，毎時間のふりかえりをもとに，下記の４項目についての論述とルーブリックによる自己評価を行いました。

---

① 作成した展示について，
　　１）伝えたいことは何ですか？なぜそれを伝えたいのですか？
　　２）伝えるためにどう工夫しましたか？
② あなたは10時間のプロジェクトを通して，何がマジョリティとマイノリティを生み出すと考えますか？また，社会構造と差別はどのような関係にあると考えますか？
③ 私たち市民の行動は既存の社会構造にどのような影響を与えると考えますか？
④ その他，10時間のプロジェクトを通じて感じたこと，考えたこと，疑問に思ったことを書いてください（自由記述）。

---

　②は毎時間の自分のふりかえりをもとに自分の考えを統合する問い，③は誰もが生きやすい社会をつくる当事者として次の学びや行動につなげる問い，として設定しました。生徒は１時間かけて B4判１枚の用紙に自分の考えを書きました。この最後の生徒のふりかえりから，単元目標に対する生徒の理解の程度を把握し，次の単元づくりに活かすべきことを確認しました。

1　Padlet は，テキスト，リンク，写真，動画，音声などを投稿できる掲示板アプリです。
　https://ja.padlet.com/

小学校

中学校

高等学校

2 探究ストーリー

❶課題づくり：判例から社会が平等ではないことに気づく

本単元は，平等権の内容を知り，関連する判例（婚外子国籍訴訟など）を資料集を使って調べるところからスタートしました。教員が「判例から日本の法律はどのような価値観のもとにつくられていると思ったか？」とクラス全体に問いかけると，生徒は「結婚している男女とその子どもがあるべき家族の形である，という価値観」「法律のせいで暮らしにくい人がいるのではないか」などと話しました。こうしたクラス内でのやりとりのあと，教員から誰もが生きやすい社会について考える校内キャンペーン・富士見 Diversity Week の開催が伝えられました。そして，前年度生徒の取組を紹介する動画を視聴し，プロジェクトの全体像を把握しました。ここでは，トモカさんのストーリーを紹介します。

❷マイノリティと出会い，困難を知る

マイノリティとの接点がほとんどないトモカさんは，教員が用意した「障害者」「LGBTQ＋」「在日コリアン」の当事者による文章を読み，特に印象に残った障害者をテーマに選びました。まずは障害者の困難について図書や新聞データベースを使って調べ（図３），情報カード（図４）を増やしていきました。障害の種類，当事者の考えや思いなどどれも今まで知らなかったことばかりで，ちがう世界を見たような気持ちになりました。

【図３　情報収集の様子】

❸当事者ではない自分に何ができるのか悩む

トモカさんは，情報収集には熱心に取り組むものの，作品づくりをはじめようとしませんでした。教員が声をかけると「当事者の声にはすごく説得力がある。でも当事者ではない自分が何を伝えるべきかわからないし，伝わらないのではないか。」と言いました。これに対し教員が「当事者の声には確かに説得力がある。でも，当事者が声をあげることは簡単ではないと思う。当事者ではないからこそできることがあるのでは…」と話し，トモカさんは「すごく難しいけれど，考えてみる。」と答えました。

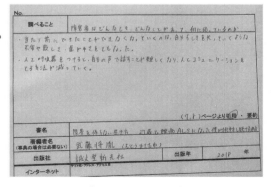

【図４　情報カード】

❹マジョリティの特権[2]を知り，考えを進める

　トモカさんは，何を伝えたいかがわからずにいました。しかし，教員がクラス全体に発した「伝えることは，どこかから探すのではなく，自分でつくるもの」ということばで，これまでにメモした情報カードを改めて見返しました。そして，一番心に残ったのが，言語障害者の困難だと気づきました。また，毎回10分と短い時間ではあるものの複数回にわたってマジョリティの特権について動画を観たりワークをしたりして，「声をあげたくてもあげられない人が特権を持たない人だとしたら，特権を持つ人が特権を活かして何かをすることは大事なことなのかもしれない」と思うようになりました。こうしたことから，「言語障害者の伝えられない辛さ」についてポスターをつくることに決めました。

❺どのようなポスターが人の目にとまるのか悩みながらつくる

　トモカさんは，どうすれば多くの人の目にとまるポスターになるか悩みました。いろいろなポスターをネットで調べながらレイアウトなどを考えましたがしっくりきません。そんなトモカさんのポスター作成を前に進めてくれたのは，Padlet上での他の生徒とのやりとりでした（図5）。言語障害者の困難を知らせることで何を伝えたいのか，絞りきれていないことに気づいたのです。その後は，ポスターのレイアウトとともに，自分の伝えたいことは何かを悩み考えて，授業外の時間も使ってポスターを完成させました（図6）。トモカさんは次のように話してくれました。

【図5　Padlet上での生徒のやりとり】

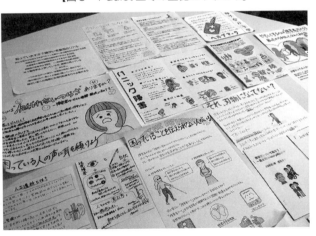

【図6　成果物の一部】

　「障害のない人だけで社会をどうするか考えるのではなく，障害のある人ともいっしょに考えたい。そのために，障害者の発する声によく耳を傾けることが大切だと思った。このことを伝えたい。」

2　特権とは「ある社会集団に属していることで労なくして得ることのできる優位性」と定義されます。（ダイアン・J・グッドマン〈出口真紀子 監訳〉(2017) 真のダイバーシティをめざして－特権に無自覚なマジョリティのための社会的公正教育，上智大学出版）

小学校　中学校　高等学校

3 評価・ふりかえり

❶評価

　成果物はテーマごとに並べ，ルーブリックをもとに評価しました。「障害者」をテーマにした成果物で最も多かったのは「思考B・表現A」，「LGBTQ＋」「在日コリアン」をテーマにした成果物で最も多かったのは「思考A・表現A」でした。障害者についての成果物で思考Bが多かったのは，これまでに育まれてきた障害者に対する慈善的な考え方の強さが関係しているように思いました。LGBTQ＋や在日コリアンについては，同性婚や参政権など法制度に関する話題が多いため，当事者の困難と社会構造の課題を関連づけて考えやすかったようです。各テーマに共通して「思考C・表現C」の成果物もありました。思考Cは不正確な情報を含んでいるもの，表現Cは見る人の前提知識への配慮がないもので，収集した情報の検証や発信内容の点検に課題があることがわかりました。

　なお，「知識・技能」「思考・判断・表現」の評価は，成果物とプロジェクト最後のふりかえり，定期試験をもとに行いました。また，「主体的に学習に取り組む態度」の評価は，授業の中での生徒同士または生徒と教員のやりとり，毎授業のふりかえり，プロジェクト最後のふりかえりをもとに行いました。

❷子どもたちのふりかえり

　プロジェクトの最後に行ったふりかえりの自由記述を一部紹介します。

・多様性のあり方に正解みたいなものはなくて，マジョリティ側が特権に気づくことが大切なんだなと改めて感じました。在日コリアンと障害者のオンラインイベントに参加しましたが，どちらも差別に関して行動することは疲れてしまうとおっしゃっていました。私自身，自分がマジョリティ側であると学ぶのは自分が差別している方なのではないかとすごく疲れました。正解がないことに対して自分の考えを見つけるのは大変だったけど，たくさんのことを知れて本当によかったなと思いました。

・印象に残ったことは当事者の方の話を聞いたことです。国家とその国に暮らす個人は別だと意識するというお話がありましたが，在日コリアンに限らずステレオタイプに人と接してしまうと自覚なき差別につながりかねないので，どんな時においても大事なことだと感じました。また本を読む機会があったこともよかったです。自分から手に取ることはなかったかもしれませんが，本を読んで在日コリアンの人たちをひとくくりにして同情するのではなく，一人の人間として接するべきだということを知ることができました。

・10時間の長期プロジェクトとても楽しかったです。ハッとさせられることが多く，深く考えることができた授業でした。前から，マイノリティに関心があり，私と同い年のみんながどう考えているか知りたかったので，Padletで小さな気づきや思ったことを共有できて嬉しかったです。プロジェクトが終了したから，今日で差別について考えるのは終わり！ではな

く，これからも引き続きどんどん調べ，考えていくべきだと思います。

❸教師のふりかえり

　図書館で，自分で適当な資料を探して，そこから必要な情報を見つけることは簡単なことではありません。今回は，課題に近い資料をあらかじめ用意しておきました。多くの生徒は，自分が読めそうな資料を選択して，必要な情報を収集していました。一方で，厚い本，文字が多い本には手が伸びない傾向にあり，資料との出会わせ方にはひと工夫必要であると痛感しました。ネットだけで調べを終えようとする生徒がいなかったことは，プロジェクトの特性だと思われました。ただ，集めた情報から自分の考えを導き出すのには苦労していました。そこは丁寧に，どんな情報から自分は何を考えたかをやりとりしながら整理する時間も必要だったと思います。新型コロナウイルス感染症拡大防止のため生徒同士のやりとりは Padlet 上で行いましたが，哲学対話など他者とじっくり対話する機会もつくれるとよかったです。

　生徒の最後のふりかえりを読むと，差別を社会構造の問題としてとらえて自分のことばで記述できているものもある一方，単元目標（知識及び技能）にいたらず，個人の問題とする記述も４分の１程度ありました。そのため，異なるテーマの生徒同士でグループをつくり，共通点を見つける活動を入れるなどの単元デザインの修正が必要だと思いました。同時に，単元目標は普遍性のある内容なので，一つの単元だけでなく，複数の単元によって深い理解にみちびくことも大切だと思いました。

【図7　有志生徒のミーティングの様子】

　作品の校内展示は有志８名の生徒で行いました。放課後の時間を使って，展示場所や展示方法を話し合い，富士見 Diversity Week を開催しました。どの生徒も，差別や多様性について多くの人に伝えたい，もっと考え続けたい，という思いで名乗り出てくれました（図7）。これまで課外活動に全く関わったことのない生徒もいたことから，本プロジェクトが主体的な学びとなったのだと思いました。

（三浦佳奈・宗　愛子）

小学校

中学校

高等学校

【情報活用型プロジェクト学習　単元デザインシート】

ア．学年・教科：**2年・外国語（英語コミュニケーションⅡ）**
ウ．プロジェクトのミッション 　**自分にとっての「元気になるご飯」を世界の人に伝えよう！**

単元目標
・知識及び技能　　　　　　　：料理の説明・作り方・料理にまつわるエピソードを読んだり聞いたりして理解し，そ
・思考力，判断力，表現力等：自分にとっての「元気になるご飯」は何かを考え，その魅力を留学生の視点に立ち，
・学びに向かう力，人間性等：クラスメイトとのフィードバックでプレゼンをより良いものにしようと努め，留学生

オ．収集「どんなご飯を外国の人に紹介したい？」	カ．編集「『元気になるご飯』

収集

a. 課題づくり

元気になるご飯とはどんなご飯？（日・英）
留学生に紹介したい「元気になるご飯」とは？（日）

収集

c. ウェブ

料理の説明・レシピ（日・英）
料理名

収集

e. インタビュー

紹介したい元気になるご飯を作った人
レシピ（材料・作り方など）

編集（整理・分析）

j. 集約

料理の説明，作り方エピソード（英）
日本に住む留学生

編集（整理・分析）

m. 論理

プレゼンのスクリプト（英）
聞き手の理解

ク．情報活用能力（○この単元で育成したい　□この単元で発揮してほしい）

□効果的なウェブ検索（A3L4） ○必要な情報を取捨選択する（B1L4）	□キーワードやビジュアルエイ ○留学生の前提知識に配慮して

ケ．授業展開・教師の手立て

・料理探検家の岡根谷さんの話より，世界の食文化や岡根谷さんにとっての元気になるご飯について知る⑩ ・ワークショップにて，自分にとっての「元気になるご飯」を考え，プロジェクトのミッションを理解する①②⑤ ・料理を英語で紹介するための情報をウェブなどでリサーチする⑪⑫ ・紹介したい料理についてインタビューを行う⑪ 　　　　　　　　　　　　　　　　　（　3　）時間	・収集した情報をもとにプレで書く㉒㉔ ・原稿を校正しリバイスする ・効果的にキーワードやビジドを作る㉔㉖ ・プレゼンの練習を各自行う

ルーブリック	S	A
思考 （内容）	自分にとっての元気になるご飯の「エピソード」に独自のユニークな視点が入っており，論理的で視聴者が理解しやすいように説明されている。	自分にとっての元気になるご飯の「エピソード」が具体的に説明されており，論理的で視聴者が理解しやすいように説明されている。
表現 （見た目）	他の生徒も理解できるわかりやすい英語の表現を使い，はっきりした発音・イントネーションで話すことができており，それを使い視聴者の興味を惹きつけることができている。	他の生徒も理解できるわかりやすい英語の表現を使い，はっきりした発音・イントネーションで話すことができている。

イ．単元名：「Japan's Secret Health Food」
エ．期待する成果物 「元気になるご飯」の紹介動画

れらを自ら書いたり話したりする技能も身につけている。

わかりやすく説得力のある方法で表現できる。

との交流では，うまく言えないことがあっても，今まで学んだ表現やジェスチャーなども用いて交流しようとする。

を動画にしよう！」	キ．発信「『元気になるご飯』を留学生に伝えよう！」		
編集（表現）  t. 動画 ・自分にとっての元気になるご飯（英） ・視覚的インパクトとプレゼン方法	発信  y. 対話 ・内容やプレゼンへのフィードバック（日・英） ・良かった点 改善できる点	発信  w. 発表・イベント ・日本に住む留学生（英） ・オンライン	発信 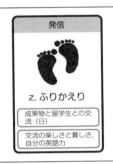 z. ふりかえり ・成果物と留学生との交流（日） ・交流の楽しさと難しさ，自分の英語力

ドを使い，表現を工夫する（B5L4） 伝え方や内容を工夫する（B6L3）	□聞き手の反応を見ながら，伝えたいことを表現する（A8L3） ○フィードバックをもとに表現方法を改善（B8L3）
ゼンテーションの原稿を英語 ⑲ ュアルエイドを入れてスライ ㉚ （　4　）時間	・ペアを変えながら何度も発表を見合い，お互いフィードバックを行い，プレゼンを改善する㊳㊳ ・フィードバック後に動画を作成する ・日本に住んでいる留学生に動画を見せ，フィードバックや質問を受ける㉟㊱㊲㊳㊵ ・留学生が自国の料理を紹介し交流を行う ・ふりかえりを行う㉜㉞㊷ （　4　）時間

B	C
自分にとっての元気になるご飯の「エピソード」が具体的に説明されている。あるいは，視聴者が理解しやすいように説明されている。	自分にとっての元気になるご飯の「エピソード」が具体的ではなく，説明も理解しにくい。
時々発音・イントネーションが聞きとりにくいところがある。話す時につかえたり時々速くなったりする。	英文が自分のものとなっておらず，原稿に頼り，発音・イントネーションも不完全で理解しにくい。

1 ステップアップポイント

　プロジェクトは，生徒たちがミッション「自分にとっての『元気になるご飯』[1]を世界の人に伝えよう！」を，実感を持ってとらえ，自分のことばで伝えたいと思うことを意識してデザインしました。普段の授業だけでは感じることが難しい「英語を使う必然性」を，プロジェクトを通して実感してほしいと考えたからです。また，プロジェクトに取り組むことが生徒たちの英語力向上にも貢献できるようにしたいと考えました。母語である日本語の使用が増えすぎないように，授業で使う英語と日本語のバランスを考えるとともにICTも積極的に活用し生徒が英語力においても達成感を持てるよう工夫しました。

❶協働的な学び〜人との出会いが伝えたい気持ちを引き出す

　ミッションは，伝える相手が実際にいることで一気にリアリティを持ち，それがモチベーションにもつながります。生徒たちが，実際に海外の人にプレゼンを発表する機会をぜひつくりたいと考えました。また，授業以外で外国の人と話した経験が少ない生徒たちに，海外の人と協働して学ぶ機会をつくり，英語でコミュニケーションをとる楽しさも実感してほしいと思いました。そこで，キュリオ ジャパン[2]に協力してもらい，成果発表会では，生徒4人に対し日本に住む留学生1人のグループで，オンラインで一人ひとりが「元気になるご飯」を発表する機会を得ました。伝える相手の顔が見えることで，生徒たちは「どんなご飯を外国の人に伝えたいか」を具体的にイメージすることができ，ミッションにより真剣にワクワクした気持ちで取り組むことができたようです。また，当日は，司会やタイムキーパーも生徒たち自身が分担して行いました。生徒主導でワークを行うことで，司会であるリーダーを中心に，事前準備を含め，生徒が責任を持って主体的に良いセッションにしようと努力する姿が見えました。

　プロジェクトでは，生徒同士の協働活動も積極的に取り入れました。たとえば，動画作成に入る前に，ペアを繰り返し変えて練習を行いました。スライドを見せながら英語でプレゼンを行い，終わったらお互いに「良かったところ」と「もっと良くなるところ」を，ルーブリックをもとに「内容」と「表現」の両方からフィードバックを行いました。ピアフィードバックは普段の授業から取り入れていますが，この活動により生徒たちはお互いの良いところを真似したり自分の課題を直したりと，自分たちでプレゼンテーションをブラッシュアップできるようになってきたと思います。今では，教員は英語のエラーを直すのみでほとんどプレゼンテーションへのコメントをする必要がなくなっています。

　プロジェクトの導入には，世界の台所探検家の岡根谷実里[3]さんと教員が協働して，「課題づくり」のワークショップを行いました。まず60カ国以上の国を訪問した経験のある岡根谷さ

1　「元気になるご飯」には，食事の他に料理，スイーツなども含まれる。
2　キュリオ ジャパン株式会社 http://curio-japan.com/index.html
3　岡根谷実里 https://note.com/misatookaneya/

んから世界の食文化を学び，「元気になるご飯」とは何かを皆で考えます．その後，英語で自分にとっての元気になるご飯 "The meal that makes me happy" を考え，グループで共有しました．講演をしてもらうのではなく，いっしょに授業をつくることでより教員にとっても学びが多く，生徒たちの課題づくりにより効果的なワークショップができました．

【図1　岡根谷さんと教員による　ワークショップ】

また，家庭科の教員にも協力してもらい，家庭科で学ぶ「食の働き」についてもワークショップでは触れました．進度の関係で教科横断まではできませんでしたが，生徒たちは食の働きには，栄養だけでなく，情緒を安定させたり食文化を継承させたりする働きがあることを知り，より深く「自分を幸せにする食事」とは何かを考えることができたようです．プロジェクトがただ日本の食文化を伝えるような活動にならないように，十分に生徒自身の中でイメージを膨らませたあ

【図2　課題を提示する】

とに「外国の人に紹介するならどんなものがよいか」という問いを考えました．

❷学習環境～言語学習を伸ばす授業内外でのICT活用

昨年度より，生徒が1人1台 Chromebook を持ち教室にプロジェクターが完備されたことで，授業内外でできることが飛躍的に増えました．言語学習と ICT はとても相性が良いと感じます．生徒たちは，成果物として，紹介したいご飯（料理・スイーツ）の「説明」「その料理にまつわるエピソード」「簡単な作り方」をスライドにまとめ，そのプレゼンテーションを動画にしました．スライドを使うことで，その料

【図3　スライドの発表練習】

理やその作り方を視覚的に理解できます．また，プレゼンテーションで使う英語のキーワードを入れることで，見る方がわかりやすいだけでなく発表者本人もスムーズにプレゼンテーションが行うことができました．スライド作成は基本的には家庭で各自行い，授業では発表練習を中心に行いました．生徒たちが，クラスメイトとプレゼンを発表し合うことでお互いの良いところを真似し，さらに良いものとしていく過程が印象的でした．プレゼン動画を成果物にしたのは，質の高い動画を作るために，生徒たちが何度も自分の原稿を音読し，主体的に練習するようになるからです．今回も普段英語があまり好きでなかったり得意でなかったりする生徒も積極的に練習を行いました．

高校1年生の頃より，プレゼン原稿を作る際，生徒たちには自分の伝えたい表現を自分で見つけるよう，DeepL 翻訳などの翻訳ソフトを使うことも奨励しています．教科書で学んだ表現と合わせて，自分で調べた表現を使えるようになることで，より多くの英語の表現を学ぶこ

とができるからです。ただし，①クラスメイトが聞いてわからない難しい表現を使わない，②難しい単語を使う場合は説明やイラストで聴く側の理解をサポートする，という2つのルールを繰り返し伝えています。最初は難しい表現を使っていた生徒も，検索する日本語を平易にするなどの工夫をし，だんだん自分が理解できるレベルの平易な表現を使うようになりました。この時もペアでの発表練習が役に立ちました。クラスメイトの発表を聞きわかりやすい英語とはどんなものかを学んだり，相手の理解していない表情から英語の難易度を調節したりするようになりました。

留学生との交流会はオンラインになりましたが，おかげで宮城県，北海道などさまざまな地域に住む留学生と交流できました。また，机の間隔をあけ飛沫防止ガードを使用することで，生徒たちはマスクをしないでクラスメイトと話すことができ，「マスクがないとクラスメイトの表情が見えてそれが嬉しかった。」と感想を述べる生徒もいました。

【図4 留学生との交流会】

2 探究ストーリー

❶外国の人に紹介したい「元気になるご飯」は？

課題づくりワークショップにて，ユイナさんは，最初自分を元気にしてくれるご飯に「お母さんの作ってくれたオムライス」を選びました。母親のオムライスを食べるとホッとしていつも元気になるからです。しかし，その後「外国の人に紹介するなら何が良いだろう」とさらに考え，最終的に「みたらし団子」に決めました。子供の頃，祖母といっしょにみたらし団子をよく作りそれがとても楽しかったことを思い出し，簡単で美味しいみたらし団子の魅力をぜひ海外の人に知らせたいと考えたからです。みたらし団子を作るにあたり，ユイナさんは久しぶりに祖母に連絡を取り，みたらし団子の作り方を教えてもらいました。

❷学び合いでプレゼンをブラッシュアップ

コミュニケーション英語の授業でのスライドを使ったプレゼン発表は今回で3回目ですが，ユイナさんはクラスメイトとの発表活動がプレゼンやスライドの質の向上にとても役に立っていると感じています。「スライドに書いてある英文をそのまま読むようなプレゼンはわかりにくい，それより英語のキーワードとイラストや写真を上手に組み合わせてスライドを作った方が良い」という点もお互いにプレゼンを見合って気づいたポイントでした。ユイナさんは今回自分もわかる易しい英語で話すことを特に心がけ，「場面を想像しやすいスライド」を意識して作りました。以前より自信を持ってプレゼンを行うことができたと振り返っています。

また，初めて動画の撮影と編集にもチャレンジし，みたらし団子を作っている動画をスライドの中に入れました。この時もクラスメイトの作った動画が参考になったと言います。作っている映像をすべて見せるのではなく，それぞれのポイントとなる場面を見せられるよう動画を

編集し，プロセスがわかりやすくなるよう工夫しました。交流会では留学生にスライドがわかりやすいとほめられて嬉しかったと言っています。また，自分の顔がワイプ画面で小さく表示されるため，普段より英語に抑揚をつけ，表情もつけて話すよう意識しプレゼンを行いました。

【図5　みたらし団子の作り方をスライドで動画を交えて説明する】

❸ことば以外でも人とつながることができる

　ユイナさんは，留学生との交流会（図6）で司会を担当しました。当日はオンラインゆえのトラブルもあり，司会として臨機応変な対応を取ることが求められましたが，交流会はユイナさんにとってもクラスメイトにとっても思い出深いものとなりました。ユイナさんが交流会を通して特に実感したのは「ことば以外でも人とつながることができる」ということです。課題づくりのワークショップで岡根谷さんは「英語が通じない国に行った時，どうやってコミュニケーションを取るか」という質問に対し，「コミュニケーションを取る手段はことばだけではない。表情やジェスチャーでも人とコミュニケーションを取ることができる」と説明していました。ユイナさんをはじめ多くの生徒がそのことばを留学生との交流を通して実感したようです。とはいえ，留学生の質問の意味を理解できなかったり言いたいことを上手に伝えられなかったり，英語が通じず悔しい思いもしたユイナさん。英語力をもっとつけたいという気持ちも強くなりました。

【図6　画面越しの交流】

❹深まった食への理解と人とのつながり

　プロジェクトを通して，ユイナさんはさまざまな気づきがあったと言います。1つめは，食はコミュニケーションのツールになるということです。みたらし団子の作り方を知るために祖母と久しぶりに連絡を取ったり留学生とお互いの食文化について英語で話したり，皆にとって共通の「食」は人と人をつなげる力があるとユイナさんは感じました。クラスメイトとも同じで，コロナ禍でイベントや授業内での活動が制限される中，今回のプロジェクトは食を通してクラスメイトのことをより深く知る機会となり，素直に嬉しかったとユイナさんは話しました。

　2つめは食の働きについてです。ユイナさんは，「落ち込んでいた時，お母さんのチャーハンを食べて涙が止まらなくなった」ことを思い出しました。食，特に大切な人からの愛情を感じる食事には「人の心を素直にさせる力がある」と感じたと言います。

　最後に，英語のプレゼンを作ることを通して，自分の言いたいことを論理的にまとめる力が

よりついたと思うとユイナさんは振り返りました。「原稿の作成→発表→改善」を繰り返すことで，自分の言いたいことをより整理しわかりやすく説明できるようになりました。「今後は，日本以外の国の食文化や食生活についてもっと調べてみたい，また，英語力をもっと上げたい」とユイナさんは話していました。

3 評価・ふりかえり

❶評価

　成果物は，ルーブリックを用い思考と表現の2観点から4段階で評価しました。思考では，「自分にとっての元気になるご飯」が論理的にわかりやすく具体的なエピソードとともに説明できているかを評価しました。S に「独自のユニークな視点が入っている」という項目を加え，生徒たちにミッションを自分ごと化することを意識させました。表現では，英語のプレゼンを自分のことばで行うことができること，はっきりとした発音やイントネーションで話すことができたかなどを評価しました。「視聴者の興味を惹きつけることができたか」をS の観点に加え，生徒が「聞き手にメッセージを伝える」ことを意識するようにしました。ルーブリックは，生徒たちにもあらかじめ共有し，動画を作る際やペアで相互評価する時にも活用しました。ルーブリックがあることでプレゼン作成の過程で，教員も生徒に効果的なフィードバックを行うことができたと感じます。プロジェクト終了後は，生徒自身でルーブリックを使い自己評価を行い，「うまくできたところ」と「改善したいところ」も振り返りました。

❷子どもたちのふりかえり

　ふりかえりはワークショップとプロジェクト後，生徒同士でシェアするとともにそれぞれが書く形で行いました。生徒たちのふりかえりを読み，学校外の人との「出会い」と「体験」が生徒たちに与えるインパクトの大きさについて，私たち教員も考えさせられました。例えば，多くの生徒が，前述した岡根谷さんの「ことばだけがコミュニケーションの手段ではない」ということばを，留学生との交流を通して実感したと書いています。世界を旅した岡根谷さんのことばだからこそ，生徒たちの心に強く響き，実際の留学生との会話があったからこそ，そのことばの重みを生徒たちは体感できたのだと思います。英語だけでなくジェスチャーなどを駆使し，留学生とコミュニケーションを取る楽しさを多くの生徒は実感し，これからの英語学習へのモチベーションとなったようです。「次回はリアルで会いたい」「動画ではなくて実際にプレゼンをしたい」と希望を述べる生徒が多くいました。

【図7　生徒のふりかえり】

126

また，プロジェクトを通して，家族との関係を振り返り，その大切さを考えるようになったという生徒もいました。子供の頃卵アレルギーのあった自分のために，母親の作ってくれたミルクプリンを紹介した生徒は，アレルギーがあっても食べられるようにと，母親がさまざまなおやつを作ってくれたことを思い出し，「『元気になる』って体が元気になるだけでなくて，大切にしてもらっていると感じ，心も元気になることなのだと思った」とふりかえりで綴っています。高校2年生ということもあり，忙しさで家族との会話が減ってしまったり一人で夕飯を食べる生徒も増えたりする中で，改めて今まで気がつかなかった親のありがたみを感じた生徒もいたようです。ある生徒は「何を食べるのではなく，誰と食べるかが大切だと気がついた」と述べています。生徒たちは実体験を通して食の働きを学ぶことができたようです。

❸教師のふりかえり

　英語のプロジェクトの悩ましいところは，課題を解決しようとする時，深い思考を必要とするほど母語である日本語の使用が増えてしまい，英語から離れてしまうところです。生徒が無理なく英語でアウトプットができるレベルであると同時に，思考を深め世界を広げることができるようなミッションを考えるのに苦労しました。ただ，生徒たちは教員の予想以上に生き生きとミッションに取り組んでくれて嬉しく思いました。背伸びをせず，今回の「食」のような生徒たちにとって身近で，しかし大切なイシューをミッションに取り入れていくことが重要だと実感しました。

　ただ，プロジェクトの過程では，教員の意図と生徒の期待にズレが生じることもありました。ミッションは，外国の人に自分たちの考える「元気になるご飯」を「伝える」ことだったので，留学生との交流会では，留学生の食文化を紹介してもらい交流をする時間をそれほど重要視していませんでした。しかし，生徒たちにとってはそこが一番重要であり楽しみな時間だったようで，「時間が短かった。」と終わったあとに恨み節を言われました。プロジェクトのプロセスを生徒とも共有し，なるべく生徒の意見も取り入れていくことが大切だと感じました。

　また，生徒たちのICTの活用レベルが上がると授業内外でできることも増えてくるということも新たな発見でした。スライドや動画作りはそれぞれ家庭で進め，授業ではプレゼンのスクリプト作りや発表練習に集中することができました。また，当日留学生にする質問は，Google Jamboardでグループごとにシートに書き出し共有することで，授業がない時でもお互い自由に書き込み，準備することができました。

　プロジェクトは，試行錯誤を繰り返しながら，回数を行うことで，生徒も教員も慣れプロジェクトの質も高まると感じます。次回はより生徒主体のプロジェクトを作っていきたいと考えています。　　　　　　　　　　　　　　　　　　　　　　　（丹羽　祥・授業協力：寺門夏生）

14 2年・農業と環境「ハクサイ」

【情報活用型プロジェクト学習　単元デザインシート】

ア．学年・教科：**2年・農業と環境**

ウ．プロジェクトのミッション

自分たちが栽培した野菜を売り出してみよう

単元目標
・知識及び技能　　　　　　　：これまでに学習してきたハクサイに関する学習内容を整理することができる。
・思考力，判断力，表現力等：購買層を想定して習得した知識を提示する際の表現を工夫することができる。
・学びに向かう力，人間性等：販売実習を通して地域の人々と関わりを持ち，課題やニーズなどを探ろうとする。

オ．収集「ハクサイのアレコレ」

収集

a. 課題づくり

栽培したハクサイの知識を振り返る

販売するなら価格設定をしなくては

収集

c. ウェブ

園芸サイト，種苗会社，市場などハクサイに関するサイト

ハクサイ・冬野菜などを検索ワードに

カ．編集「消費者が欲しい情

編集（整理・分析）

j. 集約

刺さる情報を提供しよう

購買者（一人？大家族？老若男女）を想定して

ク．情報活用能力（○この単元で育成したい　□この単元で発揮してほしい）

□必要な情報の検索用語やサイトを活用できる（A3L4） ○「ハクサイ」から関連する単語を想定して検索できる（A3）	□購買者を想定して，相手の興味・関 ○情報の整理とどうすれば見やすく印象

ケ．授業展開・教師の手立て

・授業で学んだハクサイの知識を確認し，販売を行うよう提案①②③ ・どのような人が購入し，どのような情報を欲するかを想定してみる②③ ・教科書，インターネットを通じて得られる情報をまとめる④⑪⑬ ・男子生徒3人，女子生徒3人のグループ分け⑦⑧ （　1　）時間	・iPadを利用し，作成したみるよう提案。アプリは限定 ※アプリはCanva利用とな ・購買者を想定し，どのようし，検討⑯⑱⑳

ルーブリック	S	A
思考 （内容）	購入者を想定して訴求しやすい情報の取捨選択を行っている。	グループの共通理解をもとに，多様な情報を収集し整理できた。
表現 （見た目）	ポスターやチラシを意識したわかりやすい構成や工夫ができている。構成上，掲載しなかった情報も購入者とのやりとりの中で口頭で伝えることができる。	想定した購入者が欲している情報が記載されている。色の使い方，フォントやサイズを見やすくしている。

イ．単元名：「ハクサイ」

エ．期待する成果物
消費者を意識したポスター（チラシ）

報を意識してまとめよう」	キ．発信「チラシをもとに売り出してみよう」

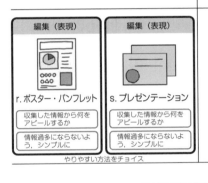

やりやすい方法をチョイス

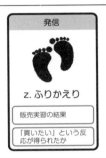

心を惹く情報を取捨選択できる（B1L4） に残る提示ができるか思考できる（B4, B5）	□得られた情報と表現されたものには尊重するべき権利があることを理解できる（D2L4） 〇販売というコミュニティ内で共通理解をはかる（D4L4）

ものを提示しながら販売を試 しない㉖㉙㉚ った な情報を提示するか取捨選択	・各グループでハクサイ8玉の完売を目指す㉛㉟ ・作成した資料をもとに接客し販売㊱㊳ ・作成資料の提出㊹ ・Google フォームによるふりかえり㊲
（　2　）時間	（　1　）時間

B	C
購入者を想定し，グループで共通理解をしているが，それに見合った情報が収集できていない。	ハクサイの特徴などを理解できておらず，情報が収集できていない。
ポスター，チラシの様態をしているが，想定した購入者に訴求する適切な情報が掲載されていない。	ポスター，チラシの様態として文字数や写真，イラストが適切でない。

1 ステップアップポイント

❶教科横断～活動のゴールに向けて多様な教科の学びを活かす

　教科「農業」科目「農業と環境」の分野「ハクサイ」ですが，農業科では農産物を取り扱うことが多く，栽培時には理科分野における生態を学ぶ生物的な学習と，肥料や栄養分の化学的な学びがあります。また，販売時には社会分野や国語科の表現力などが必要となります。これはChapter 1のPOINT 1にある『③内容発展型』に該当します。

　具体的には生徒たちは1回目の課題設定後，価格やどのような情報が欲しいかを保護者等から話を聞き出そうとするなど広がりを見せていました。それらを踏まえた上で今回は販売価格の設定を生徒に一任しました。近隣のスーパーやインターネットで市場価格を調べ，価格を決めていいことを提案すると生徒たちには俄然やる気が見られました。マーケティング調査は商業や経済につながることでもあり，教科横断的な学びと言えるでしょう。後日談になりますが，科目「現代社会」（現行学習指導要領では「公共」あるいは「政治・経済」）の中で「町内にコンビニを出店するならどのエリアを選ぶか」という授業がありました。人口や年齢層などを考慮し，決定をする生徒たちには今回のマーケティング調査のことが思い出されたのではないでしょうか。

　また，販売時期は12月の下旬ということを考慮すると，帰省してくる家族がいたり，寒さと相まって鍋料理などが多くなること，他の冬野菜と比較すると栄養成分や味覚にどのようなちがいがあるかなど獲得したいと思える情報は多岐にわたりました。調理することまで考慮すれば家庭科の分野まで関わることになります。

　家庭では調理された状態で口に入れるだけのハクサイを，自分たちが栽培した作物ならばその価値をどうとらえるか，個人的に興味関心を掻き立てられる点でした。

❷協働的な学び～協議・協力を引き出す条件設定

　①購買者を想定すること，②収集した情報をどのように提供するか，③調べる部分，イラストや構成など役割を割り振ること，この3点を意識するよう声かけを行いました。

　上述の3点に加え，図・写真・文字・色などをどう扱うことが効果的か，価格設定をどうするかグループで協議し合うことを意識づけしました（図1）。

　「①購買者を想定すること」は「②収集した情報をどのように提供するか」につながり，情

【図1　役割分担・協力を促す】

報の取捨選択を行うことになります。学んだこと・調べたことすべてをチラシに載せてしまっ

ては教科書や辞書になってしまいます。また，主に調理を行うと想定できる家庭のある女性に
ハクサイの英名である「chinese cabbage」やアブラナ科であることを積極的にアピールす
るよりもレシピや栄養成分・美容効果を謳った方が訴求力は高いといえます。これらのことを
考慮しながらグループで協議してチラシの内容を決めてもらいました。

　はじめのうちは教壇からやや遠巻きに様子をうかがっていましたが，それぞれのグループに
イラストやデザインが得意な生徒がおり，「③調べる部分，イラストや構成など役割を割り振
ること」という点でも役割分担をスムーズに終え，協力し合う姿が見られました。机間巡視を
しながらの声かけも行いましたが，通常の受動的な座学の時に比べると皆が「ちょっと○○に
ついて調べて」「こんなフォントでいい？」など前向きな雰囲気で協議しながら取り組んでい
ました。

2　探究ストーリー

❶販売場面を想定してアイデアを練る

　最初の価格設定で男子グループと女子グループに開きがあり，男子グループは200円，女子
グループは100円としていました。同じ農場で収穫したものに差があることは避けようという
ことで協議が行われました。なお，この時点での市場価格はハクサイ１玉がおよそ300円ほど
でした。「100円は安過ぎないか。自分たちが種をまき，３か月間にわたって育てたものをその

価格で販売してよいのか」という男子の意見があり
ました。適正価格よりも十分に安価であることから
200円に設定したとのことでした。本校では例年100
円で販売してきた経緯があり，前週には３年生が
100円で販売していたことを伝えると，100円でよい
だろうとの結論に至りました。

　iPadでチラシを提示しながらプレゼン販売する
ことを条件としており，文字が多いと説明書のよう
になってしまいます。かといってイラストや写真だ
けでは伝わらない部分があります。このことを意識
しながらどのように販売を行うかをグループで協議
していました。女子グループは最初にノートにキー
ワードやキャラクター等の大まかな案を作成したあ
とにiPadで作成に取りかかっていました（図２）。

【図２　ポスターのアイデアを検討する】

❷協力してチラシをつくる

　大まかなチラシの構成が決まると，役割分担を行い，情報収集係，イラスト作成係等に分かれ主体的に取り組む姿が見られました。イラスト作成は iPad で Canva というアプリケーションを使用しました。このアプリケーションは商用利用も可となっており，扱いやすいものでした。

　また，最初に収穫したハクサイは各家庭に持ち帰っており，「鍋にして食べた。うまかった。」「お母さんが喜んでいたし，おいしかった。」といった声も聞くことができました。「自分たちの腹におさめたものは，それだけで説得力がますよね。」とことばをかけ，販売時のやりとりにも活用してくれていました。

❸対面販売で実感する

　チラシが完成し，校内での販売実習となった時，女子グループは真っ先に食堂へ足を運び，配膳係の方へ販売を行っていました（図3）。販売実習を行う前に校内の方には「生徒のプレゼンテーションを聞いた上で購入を判断してください。わからないところや曖昧な点があったら質問をしてください」とお願いしておきました。対面でチラシを見せ，ぎこちないながらも会話しながらやりとりしており，配膳係の方も優しく「へぇ～」「そうなの！」といった感じ

【図3　対面販売に挑戦】

でリアクションしながら購入してくださっていました。チラシには掲載しなかった情報を会話の中で盛り込むなどして会話の幅を広げていました。ここで弾みをつけたのか女子グループは次の購入者で完売となり，15分程度で販売終了となりました。

３　評価・ふりかえり

❶評価

【女子グループ（図4）】

　想定した購入者は家庭のある中年女性ということでした。事前の授業で学んだ『ハクサイはそのまま生食するよりも調理や漬物などの加工に使われることが主となる野菜である』ことから男性をターゲットから外したとのことです。また，ハクサイのサイズが3kg程度あり，核家族や単身者には大き過ぎることを理由に家庭のある中年女性に絞ったそうです。市場価格や栄養成分とその効果，調理方法などを調べ，知識面の理解が深まっていることがわかります。自作のイラストと色を多用して楽しいポスターが出来上がりました。惜しむらくはレモンイエローの枠の中に黄色のフォントを用いているのが見づらく残念でした。

【男子グループ（図5）】

　想定した購入者は男女不問で家庭をもつ中年層とのことでした。こちらのグループも中年層をターゲットとしており，女子グループと同様にハクサイのサイズを考慮して『家庭のある中年層』に絞ったとのことです。男子グループは初めから iPad で作成をはじめていました。手慣れた様子で扱っており，さすがデジタルネイティブの Z 世代だと感心させられました。内容面では美容・健康に焦点を絞って情報を取捨選択していました。思考力・判断力を発揮してさまざまなことを検索していましたが，限られたスペースのチラシに掲載する情報をうまくまとめています。

　イラスト作成などは得意な生徒がグループにいましたが，時間が限られていることから『いらすとや』を利用しています。また，『いらすとや』の作品の商用利用について調べるなど著作権についての学習にもつながっていました。

　1枚だけ撮影したハクサイの写真をサイズや角度を変えて上手に活用しています。

【図4　女子グループのポスター】

【図5　男子グループのポスター】

　今回，それぞれのグループに10玉ずつ販売用のハクサイを準備しました。結果としてどちらも完売となりました。購入してくださった職員の方からは，「今までは値段だけ聞いて購入していたが，スーパーで買うものに比べると新鮮であること，価格が5割ほど安いこと，栄養成分や効果がどのようなものかがわかり，本当にお得なんだとわかりました」「チラシに書かれ

てないことも会話の中で出てきたりして，よく勉強していると思いました」「会話にぎこちなさはあったけれど一生懸命さがあって好感を持ちました」といった好意的な意見をいただきました。

❷子どもたちのふりかえり

　Google フォームを利用してふりかえりを行ってもらいました。各自が入力したものはExcel シートのようなスプレッドシートにまとめて一覧表示もできるので非常に便利です。以下は一部を抜粋したものです。

【女子生徒】

　プレゼンテーションすることによって，ハクサイのいいことを伝えられた。普段の販売の倍売りがいがあった。

　◎普段の授業から「学びに向かう力」の良好な積極的に取り組む姿勢のある生徒の感想です。『伝えられた』と記していることから「思考力，判断力，表現力等」を発揮し，学んだことを上手にアピールができたことがわかります。アウトプットにおいて自信を深めることで知識の定着につながっていることがうかがえます。

【男子生徒1】

　情報を提示すればするだけリアクションが多くて面白いと思った。

　◎良心市のように置いておくだけでも売れる時は売れますが，人との関わりを直接的に持つことは生きていく上で大切なことです。面白いと感じられたのであれば，今後の販売実習でも学んだことを積極的にアピールしてくれることが期待できそうです。

【男子生徒2】

　今回は，試行錯誤しながら作ったチラシ（ポスター）を土台にハクサイの販売実習を行った。いつもの販売よりも会話の順序を意識したり，チラシを元に購買意欲をかき立たせるような会話を展開した。普段の販売実習では人に勧めることしかしなかったが，今回の実習を経て新たな視点から見ることができ，今後はそういったアプローチも意識していこうと思った。

　◎男子グループのチラシ作成の中心人物の感想です。販売時には市場価格と比較しながら学校農場のハクサイの「お得さ」をアピールしていました。会話の組み立てを意識しており，どこをアピールすればよいか論理的な思考を持って取り組んでいました。

　各生徒が残してくれたふりかえりについて，教員が適切なタイミングでフィードバックを行うことができれば意欲の向上にもつながります。意欲を持ってくれれば少しの投げかけで主体的に学ぶことができるようになり，「学びに向かう力」はポジティブなものになっていくでしょう。

❸教師のふりかえり

　4月から授業を担当してきた印象は，まじめな生徒たちであり，指示されたことにきちんと取り組めるクラスです。ただ，受け身の部分もあり，主体性がもう少し欲しいと思う場面もあ

りました。今回の授業での取組は課題の提示をした時点で好反応を示し，笑顔を見せながら会話を積み重ねながら取り組んでおり，生徒たちの知らない一面を見ることができました。

　販売実習を行うタイミングや準備については配慮不足だったと反省しています。例年100円で販売していることや，前週に３年生が販売を行うなどの情報は忖度が生じていたのではないかと思います。次回以降は気にしなくて済むように最初の販売実習にこの取組を設定し，価格設定にもっと自由度ができるよう配慮してあげたいと思います。また，販売の対象が校内の教職員であれば事前に告知し，グループによって価格が異なることや，価格交渉してもよいなどの協力を仰ぐといったことも試みたいです。

　今回は定期考査終了後にチラシ作成と販売を行いました。この科目での定期考査については学んだ知識を問う記憶を中心とした出題が多くなります。販売時に異なる購入者と同様なやりとりを繰り返したり，チラシを作成し，自分で例示や説明を加えることで記憶は更新され強化されたりすることにつながります。作物の成長具合にもよりますが，定期考査の直前に実施できればクラスの平均点も向上するのではないかと期待しています。

　授業の目的はハクサイを完売することではなく，その過程を通じてこれまでの学びのふりかえりや新たな課題，学びを得ることなので，売れ残りが発生してもよいという設定にしようと思います。

　また，この数年は新型コロナウイルス感染症対策として校外での販売実習が大きく制限されてしまいました。郊外で販売ができれば，面識のない人に対してどれくらいのプレゼンテーションができるのか，見届けたいという思いもあります。

　今回はハクサイについて取り組みましたが，手探りの部分もあり，教員側の改善点が多くなってしまいました。しかし，この「①情報収集，②情報の取捨選択，③チラシ作成，④販売実習，⑤ふりかえり」という一連の取組を定着させ，各農産物で実施することを事前に生徒たちにアナウンスし，回数をこなせば作業のスピードやポイントを要約する能力は確実に向上することが期待できます。次年度以降は積極的に取り組んでブラッシュアップしていきたいと思います。

（水田直樹）

15　3年・理科（化学）「高分子化合物」

【情報活用型プロジェクト学習　単元デザインシート】

ア．学年・教科：3年・理科（化学）

ウ．プロジェクトのミッション 　　**身のまわりのプラスチックについて，ジブンゴトとして考えよう**

単元目標
・知識及び技能　　　　　　：観察，実験などを通して，高分子化合物に関する事物・現象についての基本的な概念
・思考力，判断力，表現力等：高分子化合物に関する事物・現象の中に問題を見いだし，観察，実験などを通じて，事実を分析的・
・学びに向かう力，人間性等：高分子化合物に関する事物・現象について関心や探究心を持ち，意欲的にそれらの理

オ．収集「プラスチックについて知る」

収集	収集	収集

a. 課題づくり	c. ウェブ	g. 体験
プラスチックの利点や問題点 ＋αの視点で課題を設定	プラスチックについて プラスチック減らす，生活	リサイクルショップで服を売る レシート

カ．編集「身近なこととして

編集（整理・分析）	編集（表現）

j. 集約	o. 表・グラフ
プラスチックを減らす行動 簡単にできる	日本のプラスチック廃棄量 見やすさ

ク．情報活用能力（〇この単元で育成したい　□この単元で発揮してほしい）

□プラスチックについて，必要な情報を信頼できるデータベース等を活用して検索する(A3L4)
□必要な手段を選択して活動計画を立てる（B7L2）

□情報の真偽を検討した上で，解決策や活用
□情報の種類に応じて図表を作成し，動画や

ケ．授業展開・教師の手立て

・プラスチックの利点や問題点を確認させる①
・プラスチックからイメージすることを書き出したあと，気になるワードを組み合わせて自分の生活に近いテーマを設定させる①②
・単元デザインシートを使って計画を立てさせる③④
・iPad等を使用して情報収集させる⑬

・集めた情報の種類によって選択させる⑯⑰㉙
・集めた情報から解決策や新新たなアイデアを創造する㉒
・動画やパンフレットなど適⑱

（　2　）時間

ルーブリック	S	A
思考 （内容）	プラスチックについて細部まで調べ，多面的によく理解しており，自分のことばで正しく説明ができる。ジブンゴトとして，自分たちの生活と関連づけて考えることができる。	プラスチックについて一つの視点（具体的な活用，問題等）からよく理解しており，自分のことばで正しく説明ができる。ジブンゴトとして，自分たちの生活と関連づけて考えることができる。
表現 （見た目）	自分が決めたテーマに沿い，自分の考えを相手に伝わるようわかりやすくまとめられている。視覚的にわかりやすいつくりになっている。	自分が決めたテーマに沿い，自分の考えを相手に伝わるようわかりやすくまとめられている。

イ．単元名：「高分子化合物」
エ．期待する成果物 　クラスのみんなに，プラスチックの利点や問題点等を，ポスターやスライド等の適切な方法で伝える

や原理・法則を理解し，知識を身につける。

総合的にとらえ，実証的，論理的に考察して問題を解決し，科学的に判断できる。また，得られた結果を的確に表現することができる。

解や探究に取り組むとともに，科学的な自然観を身につけようとする。

考える」	キ．発信「自分の考えを発表する」

編集（表現）

r. ポスター・パンフレット

プラスチックを減らせること

わかりやすい

発信

x. 展示・公開

授業のメンバー

iPad のデータ

発信

w. 発表・イベント

小グループ内

授業中

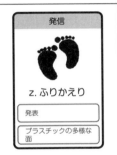

発信

z. ふりかえり

発表

プラスチックの多様な面

法などの新たなアイデアを創造する（B3L3） ポスターにまとめる（B4L4）	□成果物を見せながら，ことばで相手に自分の考えを伝える（A8L3）
グラフや表などのまとめ方を たな価値を見いだす。または 切な表現方法を選択する⑯⑰	・iPad でデータを共有し，小グループ内で発表させる㉟ ・生徒同士で良かった点を中心に感想を共有する㊲ ・ルーブリックに照らし合わせて自分の活動を評価させる㉜
（　2　）時間	（　1　）時間

B	C
プラスチックについて一つの視点（具体的な活用，問題等）から理解しており，自分のことばで正しく説明ができる。ジブンゴトとして，自分たちの生活と関連づけて考えることができていない。	プラスチックについて一つの視点（具体的な活用，問題等）からも正しく説明ができていない。ジブンゴトとして，自分たちの生活と関連づけて考えることができていない。
自分が決めたテーマに沿い自分の考えをまとめているが，相手に伝わりにくい。	自分の考えが自分の決めたテーマに沿っていない。

　担当する３年化学は，文系の大学や専門学校進学希望者が多いクラスであり，教養として化学を学ぶ生徒が多くいます。よって，身のまわりの物質に目を向けさせ，日常生活と関連づけた学びを目指し今回の実践を設定しました。最近環境問題の一つとして大きく取り上げられることの多い「プラスチック」ですが，現状プラスチック製品は身のまわりに溢れ，なくなってしまうと我々の生活にとって不便なことがたくさんあります。便利だが使い方によっては環境や人体に悪影響を及ぼす「プラスチック」について改めて深く考えて欲しいと思い，この課題を設定しました。特に工夫した点は２点，主体的な学びと学習環境です。

❶主体的な学び～学習活動を生徒自身でデザインする

　このクラスの生徒は創造類型という探究活動に力を入れている文理融合型の本校独自の類型です。１年次に１単位，２年次に２単位，３年次に１単位，課題研究の学校設定科目を履修し，３年７月の校内における発表会では英語のポスター発表まで終えています。基本的な探究のスキルを身につけている生徒たちですので，課題設定のところから自由度を高めることにしました。まずはミッションとして「プラスチックについて考えよう」というざっくりとした大きなテーマを与えました。次にプラスチックの良い点と問題点に目を向けさせた上でイメージをまとめ，自分の興味関心に絡めた課題を個人で設定させました。探究プロセスにおいては，発信部分のみを埋めた稲垣先生の単元デザインシートを，学習活動カード一覧とともに配付し，どんな流れで情報を収集しまとめていくのか，自由に学習活動をデザインさせました（図１）。収集の場面では，教科書や資料集を見る者もいれば，iPadで検索する者もいました。編集（整理・分析）の場面でも，関連づけたり比較したり，新たなアイデアを提案したりとテーマに合わせて選択しているようでした。編集（表現）の場面では，A4コピー用紙に手書きでまとめる者やiPadのPagesを使い１枚のポスターにまとめる者，GoogleスライドやiPadのKeynoteでスライド数枚にまとめる者，iPadのiMovieで動画にまとめる者など自分の得意な方法を選択していました。こだわる度合いにより進度のばらつきが生じましたが，放課後や自宅で作業するなどして，提出期限に間に合うよう自身の実践を管理できていました。

【図１　生徒へ配付した単元デザインシート】

❷学習環境～学びの継続・情報共有を助ける ICT

　本校では200台以上の生徒用 iPad が整備されており，各授業で自由に使用することができます。また，宮城県内の小学校，中学校，高等学校では Google アカウントが配付されています。今回は1人1台 iPad を使用して活動を進めました。情報収集はもちろんのこと，編集（表現）では iPad のアプリや Google スライドを活用してまとめる生徒が多くいました。特に Google スライドを活用するとクラウド上に保存されるため，自宅のパソコンや iPad，スマートフォンなどで作業を進めたという生徒も多くいました。データの提出場面では，生徒が使用する iPad や生徒自身の iPhone から教員の iPad へ AirDrop で送信したり，自宅で作業していた生徒は Google Classroom を通じて提出したり生徒の実情に合わせて対応することができました。

　また発信の場面では，4～6名程度のグループ内で発表を行いました。その際，紙面で提出された分も写真で撮影しデータ化することによって，すべてのデータを各自が使用している iPad へ AirDrop で送信し，手元で見ることができるようにしました。グループの全員が発表者のデータを開き，発表者は「次のページに移ってください」と案内をつけ加えながら発表していました。手元にデータがあることで，細かい部分を拡大するなどしながら集中して聞くことができていたようです。また，早めに発表が終わったグループのメンバーは，他グループの生徒のデータを閲覧している様子が見られました。25名の生徒で発表するとなると全員分の発表を1時間の授業内で聞くことはできません。データのみでもより多くの生徒の成果物に目を通せたことは，iPad でデータを送信する形にしたからこその利点だったと考えます。

2　探究ストーリー

❶大きなテーマから具体的な課題を見つける

　共通のミッションとして「プラスチックについて考えよう」というざっくりとした大きなテーマを与えました。課題設定のはじめに，利点問題点それぞれに目を向けさせるために講義を行いました。「プラスチックの知っている問題は？」と問いかけると，「海洋のマイクロプラスチック」を挙げる生徒が多かったです。次に「身のまわりにあるプラスチック製品を挙げてみよう」と問いかけると，筆箱の中の文具や制服，教室の備品，調理器具などたくさんの製品が挙がりました。「それらがなくなった生活を想像してみよう」と提案すると，黙り込む生徒が多く，どうやって生活すればよいのかイメージできないようでした。次にイメージマップを活用し，現在抱くプラスチックへのイメージをアウトプットし，イメージ同士のつながりをまとめさせました。そのイメージを数人の友人と共有することで視野を広げさせました。そこから気になるワードをプラスチックと掛け合わせてテーマを設定させました。その際，ジブンゴトとして考えさせるため，できればテーマのレベルを自分に近づけるようにと指示しました。カノンさんは，講義と作成したイメージマップから「プラスチック×日常×できること」をもと

に，「プラスチックのない暮らし」を課題に設定し，考えることにしました（図２）。

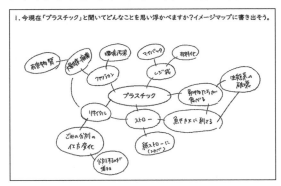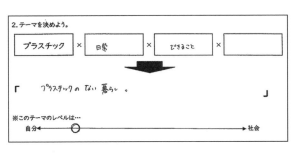

【図２　カノンさんのイメージマップ等】

❷探究活動をデザインする

　稲垣先生の単元デザインシートと学習活動カード一覧を配付し，どんなプロセスで探究活動を進めていくのかを考えさせました。あまり時数に余裕がなかったため，３時間で完成させなければいけません。生徒はおおまかなスケジュールと手段を選択し，さっそく活動に入っていました。単元デザインシートは研究活動を進めながら修正しつつ，最終的には発表会後に完成版を提出するよう指示しました。カノンさんもおおまかな流れや手段を選択し，情報収集に移りました。その後提出された完成版の単元デザインシートがこちらです（図３）。

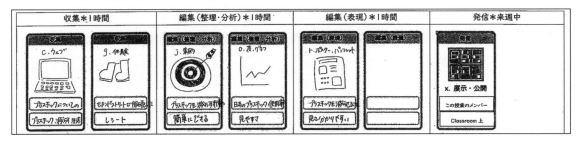

【図３　カノンさんの単元デザインシート】

❸情報を収集し，実践してみる

　カノンさんは，まず iPad を使ってインターネットで調べることにしました。身のまわりにプラスチック製品がたくさんあることから，年間でどれくらい廃棄されているのかについてのデータを見つけました。主要国の中でも日本の廃棄量は２番目に多いことを知り，何とかしなければいけないと感じました。次に廃棄量を減らすための方法をインターネットで調べ，その中の一つを実践してみることにしました。部屋を掃除すると着なくなった服が約30着あったことを知り，リサイクルショップにて売却しました。すると合計2,570円になったそうです。

❹表現方法を意識して情報を整理・分析する

　まずは表現方法を選択しました。カノンさんは iPad でスライド等を作るよりも，得意なイラストを活かせることやみんながぱっと見ることができるように紙面でのポスターを作成する

ことにしました。

　次にインターネットで調べた主要国のプラスチック廃棄量のグラフを手書きでまとめました。また数ある廃棄量削減策の中から，「すぐに」「簡単に」「安く」という３つの観点を重視し，実際に取り組める手段を選択して提案することとしました。見やすく視覚からでも情報が伝わるように各所に手書きのイラストを入れながら作成しました（図４）。

小学校

中学校

高等学校

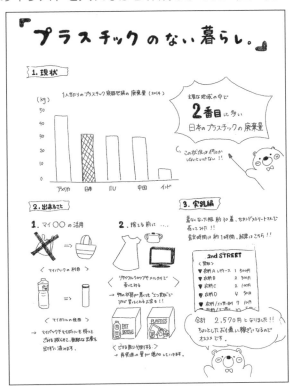

【図４　カノンさん作成のポスター】

❺データを共有して発表する

　５人グループを作成し，教員より iPad に全員分の成果物のデータを AirDrop で受信しました。そのデータを用いながら発表を行い，互いの良い点を共有させました（図５）。カノンさんの発表を聞いた生徒より「この方法なら真似できそう。」「イラストが多くてわかりやすかった。」「実践したことが書いてあってやってみようと思えた。」という感想をもらいました。

【図５　ポスターを相互評価する】

3 評価・ふりかえり

❶評価

　生徒には活動のはじめにルーブリックを示しました。思考（内容）の評価のポイントは，①プラスチックが持つある一つの視点について，自分のことばで正しく説明することができているか，②ジブンゴトとして考えることができ，自分の生活と関連づけられているか，の2点です。この2点は全員クリアできる可能性があると判断し，評価Aに位置づけました。評価Sは，さらに多方面からの視点で見ることができているかどうかをポイントに加えたものとなっています。これは時間的に厳しく，特に一生懸命取り組んだ生徒しかクリアできないのではないかと考え評価Sとしました。実際に評価したところ，ポスターで成果物をまとめた生徒については，文章での記載が最小限となっていたため，グラフや表での記載も正しく説明することに役立っていればそれも読み取ることとしました。探究ストーリーで取り上げたカノンさんの場合もこれに当てはまります。カノンさんは①について，プラスチックの廃棄量が多いという問題を取り上げていますが，その多さを感覚的ではなく，主要5か国の廃棄量を具体的な数値で示すことで根拠が明瞭であり，正しく説明していると読み取りました。また②について，すぐに明日からでも自分で実行できるような解決策を提案し，さらには実行に移している点から見てもジブンゴトとして考えられていると判断しました。

　次に表現（見た目）のポイントは，①テーマに沿って調べたことをわかりやすくまとめられているか，の1点です。この1点は全員がクリアできる可能性があると判断し，評価Aに位置づけました。評価Sは，さらに視覚的にわかりやすい構成になっているかどうかをポイントに加えたものとなっています。これはデザインにこだわるかどうかであり，ここでは余裕があってできる生徒はこだわれたらいいのではないかと考え評価Sとしました。カノンさんは，「プラスチックのない暮らし。」というテーマに沿って脱プラスチックの生活に向けて，まず今できることを簡単に，明瞭に伝えようとしています。さらにデザインにこだわり自分で描いたイラストをつけ加えることで，一目見るだけで主張がわかるように工夫されています。

　よってカノンさんの評価はルーブリックに照らし合わせると，思考（内容）がA，表現（見た目）がSと判断しました。生徒自身にも自己評価を行ってもらいましたが，カノンさん自身がつけた評価と同じ結果となりました。

❷子どもたちのふりかえり

　今回の実践のふりかえりとして，生徒より以下のような感想が寄せられました。

・家庭ゴミのプラスチックが年間418万トンであることや有効利用するためには時間とコストがかかっていることがわかった。そこで"リサイクルよりリユースでリデュース"という提案がされていて，他のみんなの話もまとめて考えると，「たしかにそうだな，自分もそうしよう」と思いました。

・マイバッグやマイボトルなど，今まで取り組んできていませんでした。この探究活動に取り組んでからは，買い物の際にマイバッグを持っていったり，自動販売機で飲み物を買うことを控えるようになったりしました。

・選挙で使われている投票用紙の主原料にプラスチックが使われていることを初めて知った。選挙権と関連していてとてもタイムリーな話題で面白かった。次の選挙では「ユポ」の耐水性や耐久性に気をつけてみたいと思った。

❸教師のふりかえり

　今回実践を行ったクラスは，3年間で多くの探究活動を経験し，身近な問題への興味関心や探究スキルの高い生徒たちでした。よって，教員からの活動の縛りを最大限に緩め，自由度の高い実践を計画しました。その結果，生徒が設定したテーマも幅広く，私には考えつかないようなものも多くあり，とても面白かったです。私自身も勉強になりました。

　また，今回は稲垣先生の単元デザインシートを生徒に活用させました。このシートを配付した時の生徒の反応がとても良かったです。学習活動シートもどんな手段があるのかが一目瞭然で，特に探究活動が苦手な生徒にとっては選択肢の中から手段を選択すればよいので考えやすかったのではないかと思います。

　この実践は合計5時間で実践を行いました。はじめは時数が少なく不安でしたが，限られた時数の中で終わらせるにはどうすべきかを考えながら取り組む生徒が多かったです。まとめ方にこだわる生徒は，自宅で作業するなど工夫して進めていました。動画を作成した生徒にかかった時間を尋ねると，授業外で合計4時間ほどかかったようです。

　最後に，この実践を通して化学の授業で習った物質が身のまわりにたくさん使われていること，またその物質の特性から用途が選択されていること，そしてそれにより便利になることもあれば生じる問題もあるということを改めて実感できたのではないかと思います。現代の生活と化学という学問は切っても切り離せない強いつながりがあります。卒業後化学という学問を学んでいく生徒はこの中にはいませんが，普段の生活の中でメリットデメリットを比較し良く考え，一社会人として正しい判断ができるようになってもらいたいなと思います。

(小川　唯)

16 3年・外国語(選択科目：時事英語)「クリエイティブ・ライティング」

【情報活用型プロジェクト学習　単元デザインシート】

ア．学年・教科：**3年・外国語（選択科目：時事英語）**

ウ．プロジェクトのミッション

英語でオリジナルの物語を書こう

単元目標
- ・知識及び技能　　　　　：環境や経済など，テーマに関連した語彙や表現の使い方を理解している。段落・セク
- ・思考力，判断力，表現力等：自分の意見を読み手によく理解してもらえるように，テーマについて読んだり聞いたり
- ・学びに向かう力，人間性等：自分の意見を読み手によく理解してもらえるように，テーマについて読んだり聞いた

オ．収集「物語の材料を集めよう」

収集
a. 課題づくり
誰に向けて書く？
何を使って伝える？

収集
b. 図書
好きなジャンルの小説
テーマの参考図書

収集
c. ウェブ
テーマの参考情報
参考となる英語表現

カ．編集「プロットを構成し

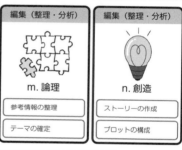

編集（整理・分析）
m. 論理
参考情報の整理
テーマの確定

編集（整理・分析）
n. 創造
ストーリーの作成
プロットの構成

ク．情報活用能力（○この単元で育成したい　□この単元で発揮してほしい）

□図書やウェブで物語の参考になる情報を検索・収集する（A3，A4）
○物語の読者や発表形式の意見交換から，単元の目標を設定する（B7）

□収集した情報を参考にしてオリジ
○物語のプロットを組み立て，読者に

ケ．授業展開・教師の手立て

明確な課題意識を持って，主体的に情報を集める
・「クリエイティブ・ライティング」の目標確認⑥⑨
・物語のテーマ・対象となる読者の設定②
・これまでに読んだテキストから使用したいトピックを確認し，どのトピックと関連した物語を書くか検討する⑩
・物語のテーマの参考になる情報や，英語表現などを収集する⑪⑫⑬

（　3　）時間

思考を働かせ，自分たちの考
・収集した情報と「ストーリ
とに，ストーリーとプロット
・物語概要の中間発表を行い，
を物語の構成に役立てる㉓
・進行状況を確認し，遅れて
める⑲（計画の評価・調整を
・物語は PC で書き，構成
つけ加えたい場合などの修正

ルーブリック	S	A
思考 (内容)	テーマについて収集した情報や自分の考えを物語形式にまとめ，プロットもよく構成されており，さらにその物語に独創的な工夫をしている。	読み手によく理解してもらえるように，テーマについて収集した情報や自分の考えを物語形式にまとめており，プロットに不自然さがない。
表現 (見た目)	テーマに関連した語彙や表現を使い，段落・セクションごとにまとまりのある内容を書く技術を身につけている。展開に独自の工夫が見られる。	テーマに関連した語彙や表現を使い，段落・セクションごとにまとまりのある内容を書く技術を身につけている。

イ．単元名：「クリエイティブ・ライティング」
エ．期待する成果物 **オリジナルの物語をまとめた小冊子（作品集）を作ろう**

ションごとにまとまりのある内容を書く技術を身につけている。
したことを活用しながらまとめ，文章の構成や展開を工夫して複数の段落を用いて詳しく書いて伝えることができる。
りしたことを活用しながらまとめ，文章の構成や展開を工夫して複数の段落を用いて詳しく書いて伝えようとする。

て，物語を作ろう」	キ．発信「物語を発表しよう」

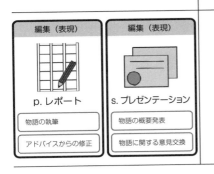

ナルの物語のアイデアを考える（B3） 伝わる文章表現を工夫する（B4, B5）	□他の生徒や教員のコメントをもとに，物語の内容や表現を改善する（B8） ○読者を意識してテーマを効果的に表現する（B5, B6）

えをつくりあげる ープランニングシート」をも を考える⑱㉗ 他の生徒や教員からの意見 いる部分は自分で調整して進 する機会） を変えたい場合や登場人物を を容易に行えるようにする㉚ 　　　　　　（　5　）時間	相手意識をもって伝え，自分たちの学びを振り返る ・単元目標の確認と，それに基づいたルーブリックの設定㉛ ㊳ ・提出された物語から作品集を作成し，それを使用して最終 発表を行う㉟ ・これまで作成したシートや原稿等の作成物を使い，学びを 振り返る㊺ 　　　　　　　　　　　　　　　　　　（　2　）時間

B	C
テーマについて収集した情報や自分の考えを物語形式にまとめているが，プロットに不自然さがあり読み手に十分に伝わらない。	テーマについて収集した情報や自分の考えを物語形式にまとめることができていない。
段落・セクションを内容ごとに分けて書こうとしているが，段落で内容がまとまっていないなど一部が不十分で展開が不明瞭な部分がある。	テーマに関連した語彙や表現を使用しておらず，段落・セクションを内容ごとに分けて書くことができていない。

1　ステップアップポイント

３年選択科目の「時事英語」では「クリエイティブ・ライティング」の活動で「主体的な学び」と「学習評価」の工夫を行いました。

❶主体的な学び～クリエイティブ・ライティングの実施

「時事英語」では週に２時間ある授業を次の２つの活動に分けて実施しました。

⑴　時事の話題を扱った英文や，インターネットで入手できる海外の記事等を読み，自分が理解した内容やそれを読んで考えた自分の意見を他者に伝える活動（図１）

⑵　活動⑴で学んだ英語や情報を使い，自分の伝えたいことを物語として他者に伝える「クリエイティブ・ライティング」の活動

⑴については，時事の話題を取り上げたテキストを教材として使用しました。そのテキストでは，“Medical Science”，“Health”，“Economy”などのトピックが取り上げられており，最初に全員で一つの話題を読んで内容を理解し，英語で意見を交わしたあと，トピックに関連し，自分が興味を持った別の英語記事を他の生徒に紹介する活動を行いました。

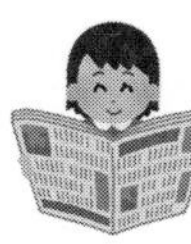

How to Summarize Articles

記事要約の方法

Part 1 記事を読む（Read an article）

1．記事のテーマをざっとつかむ

記事をじっくり読む前に、記事全体の構造（出来事 ⇒ 問題提起 ⇒ 関係者へのインタビュー ⇒ 締めくくり　など）を大まかにつかむ。

見出し、小見出しに注目しよう。

記事のテーマ、要点、結論をつかもう。

- テーマ、記事が提示している疑問（例「～という俗説は真実だろうか？」）、記事が書かれた目的と思われる部分に線を引く。
- 記事の提示している主張に対する根拠や説明になっている部分に線を引く。
- 見出し・小見出しに線を引く。
- インタビューした相手、調査や研究の方法が書かれていたら、線を引く。
- 発見された事実や結論に線を引く。

【図１　配付プリント「記事要約の方法」】

そして⑵では，「⑴で学んだ英語表現や情報をもとにして，自分の伝えたいことを物語に託して書く」活動として，「クリエイティブ・ライティング」の授業を行いました。こちらの活動では，ALT の Michael 先生に授業案のアドバイスや指導の補助を行ってもらいました。

自分でオリジナルの物語を書く「クリエイティブ・ライティング」の活動を授業に取り入れたのは，表現形式の自由度が高く，生徒が面白いと感じやすく，読者を意識した文章の構成や展開の工夫が必要な物語文を書くことにより，生徒の主体的な学びを一層促すことができると考えたためでした。

「クリエイティブ・ライティング」の授業をはじめる準備として，生徒たちが物語の構造や展開に少しずつ慣れていくために，次の各活動を段階的に行いました。

1　Reading & Reasoning…ミステリーのショートショートをテキストに，「問題部分を読んで展開を予測して発表する」活動

2　Reading & Talking…寓話的な短い物語を読み，その物語の意味などについて自分の考えを述べ合う活動

3　Reading & Writing…フランス語や韓国語で書かれた絵本の内容を推測し，絵本に描かれた絵から新たな物語を考えて発表する活動

これらに続く４つめの活動として，ようやくクリエイティブ・ライティングの活動に進みま

した。

　クリエイティブ・ライティングの活動で最初に行ったのは，活動のねらいを生徒に示すとともに，生徒に「書いた物語を誰に読んでもらうのか」「それをどんな形で発表するのか」を考えてもらい，意見交換を行うことでした（図2）。

　これにより生徒は自然に「読者（小学生，同年代，英語の先生など）」の存在を意識することになり，また，「発表形式（学校公式 HP，SNS，リーフレットなど）」を考えることになりました。活動がどこに向かっているのかを明確にし，全員が共有することで，学習に向かう主体性を強めることができました。

❷学習評価〜生徒と共同でルーブリックの作成を行う

　今回の「クリエイティブ・ライティング」の活動では，次の観点から評価を行うことを，最初に生徒に伝えました。

【図2　活動の目的を話し合う】

(1)　環境や経済など，テーマに関連した語彙や表現の使い方を理解している。段落・セクションごとにまとまりのある内容を書く技術を身につけている。

(2)　自分の意見を読み手によく理解してもらえるように，テーマについて読んだり聞いたりしたことを活用しながらまとめ，文章の構成や展開を工夫して複数の段落を用いて詳しく書いて伝えている。

(3)　自分の意見を読み手によく理解してもらえるように，テーマについて読んだり聞いたりしたことを活用しながらまとめ，文章の構成や展開を工夫して複数の段落を用いて詳しく書いて伝えようとしている。

　これらは，(1)が「知識及び技能」，(2)が「思考力，判断力，表現力等」，(3)が「学びに向かう力，人間性等」のそれぞれの学力の要素に対応することを想定しています。

　これを評価のためのルーブリックのベースとして生徒に示し，それに「読者にとって面白い物語とはどんなものか」を生徒に考えてもらう中で出てきた要素を取り入れる形でルーブリックを完成させました。こうした手順を踏んだのは，「ルーブリックを教員と生徒が共に作る」活動を行うことをねらいとしたためで，これによって生徒と教員の授業観の重複する部分が多くなり，生徒は評価に対して納得感を持って活動に臨むことができたのではないかと思います。

　教員による評価は，上記の観点から，中間発表，最終発表，成果物及び「ストーリープランニングシート」等によるこれまでの活動の記録の評価を総合して行いました。

2 探究ストーリー

❶トピックを選択する

今回の「クリエイティブ・ライティング」の活動では，「自分がこれまでに読んだ文章のトピックに関連した物語を書く」という条件がありました。ミユウさんは，家で親戚の子どもといっしょにアニメを見ていた時に，そこに出ている未来の道具のようなものを使って物語が書けるのではないかと思いつきました。たくさんある未来の道具のうち，授業で扱った"Technology"の分野と結びつけて書くことができ，しかも誰にとってもわかりやすく，話の内容が面白くできる道具として，「タイムマシン」を使った物語を書いてみようと考えました。

❷情報を集める

ミユウさんはこれから書く物語の参考にするために，図書館やインターネットで情報を集めました。未来の科学技術やSF，ミステリーなどの本を見ているうちに，タイムマシンを使って，謎解きの要素を入れたお話を書くことができるのではないかと思いつきました。

また，この物語の中では特に「毎日を明るく笑顔で過ごすことがとても大切だ」というメッセージを伝えたいと考えました。重くどんよりとした気持ちを吹き飛ばし，自分だけでなく周りの人も明るくできる笑顔の力。その素晴らしさを伝えられる物語を書こうと決めました。

❸「ストーリープランニングシート」を使って物語の内容を考える

授業で配付された「ストーリープランニングシート」（図３）を使って，物語の内容と展開を考えます。このシートを使うと，「物語を通して伝えたいこと（＝テーマ）」は何か，主人公やサブキャラクターはどんな人物か，物語の舞台となる場所や使用する道具は何かを整理することができます。また，出来事を時系列順に並べたものを「ストーリー」，語る順に並べ替え，構成し直したものを「プロット」と分けて考えることで展開を整理し，物語内で出来事を語る順番を決めていきます。

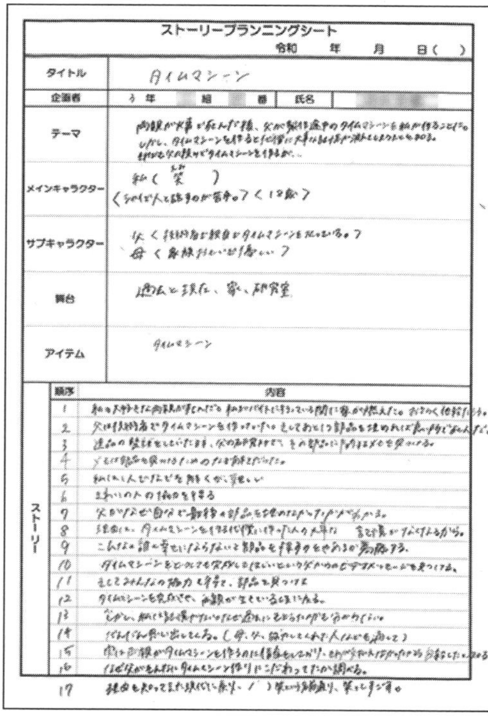

❹物語の案を発表する

ミユウさんは自分の案をクラス内で発表しました。その後，それぞれが書いたプランニングシートをお互いに見て回り，ここまでの案にアドバイ

【図３　ストーリープランニングシート】

スを付せんでもらいました（図4）。「面白そう」「出来上がった物語が読みたい」などの感想も書いてもらい，早く物語を完成させたいと思いました。

❺「ストーリープランニングシート」やアドバイスをもとに，物語を書く

「ストーリープランニングシート」や，他の生徒・担任・Michael 先生からもらったアドバイスを参考に，「亡くなった父親の代わりにタイムマシンを作ろうと決心する少女の物語」を書いていくことにしました。物語の中に謎解きの要素を入れることや，主人公の名前の Emi が，「笑み」，つまり明るい表情で微笑んで暮らすことにつながる物語になるように，内容を工夫しました（図5）。

【図4　アドバイスを付せんで残す】

物語を通して自分が伝えたいと考えたメッセージ，「日々を前向きに，明るく生活することの大切さ」を表現する文も考えた結果，"Smiling is a key to living a happy life." という一文を使おうと決めました。

日本語の慣用表現を英語にするのに少し苦労しましたが，日本語を一語一語英語にするのではなく，伝えたい意味から英語の表現を発想することを心がけました。

❻物語を発表する

ミユウさんは自分が書いた物語の原稿を他の生徒や担任に見てもらい，その概要を口頭で発表しました。

英語で物語の概要を伝えるのは難しいと感じましたが，他の生徒からは，「内容をわかりやすく伝えていてよかった。」「キャラクターまでしっかりこだわっていた。」「心温まるストーリーだった。」など，良い評価をしてもらいました。また，担任から「代名詞が何を指しているのか，わかりや

> ### 5. The important thing
>
> Miyu ▮▮▮▮▮
>
> My name is Emi. The meaning is smile. I dislike my name because I don't laugh in public.
> One day, when I arrived at my home, I saw the terrible things. My house was on fire. I was shocked. So,I didn't remember what happened after the one. At night, I heard that my father and mother were killed by someone from the police.
> In addition, he said to me, "we will search the laboratory where my father worked to find the evidences, so will you go with us? "
> My father was engineer. He tried to make the machine which can back time. However, I heard that it hasn't made completely yet from him.
> When I went there, I found the note written by him on his desk.
> "Emi, please find the last part of the machine. In addition, I give you the hint. It is what you are missing now."
> I got confused, but I decided to try to find it because I had known his effort to make it. I wasn't good at studying, so I thought it was behind my textbook, but I could not find it.

【図5　完成した物語（抜粋）】

すくした方がいい。」など表現上の指摘を受けたり，Michael 先生に自然な表現を教えてもらったりしたので，完成に向けて修正していきたいと思いました。

❼物語を完成させる

発表後，指摘してもらったことをもとに，表現を変えたり，内容をよりわかりやすく工夫したりして原稿を完成させました。完成した原稿は，他の生徒の原稿と合わせて，小冊子の形に出来上がりました。

3 評価・ふりかえり

❶評価

　評価の観点やルーブリックの設定については「1　ステップアップポイント　❷学習評価」で説明した通りです。

　最終発表では事前に次の内容を生徒に伝え，生徒に相互評価を行ってもらいました。

【評価について】次の観点がどれくらいあてはまるかで評価をつけてください。

〈内容〉　1　テキストのトピックが盛り込まれている。

　　　　　2　作品のテーマや読者へのメッセージが伝わる内容である。

　　　　　3　キャラクターが魅力的である。

　　　　　4　ストーリー（プロット）に工夫があり，楽しめる。

〈表現〉　1　トピックに関連した語彙が使用されている。

　　　　　2　内容に従って段落を分けて書いている。

　　　　　3　読者が想像しやすく，理解しやすいことばで書かれている。

　　　　　4　プレゼンテーションの発音やアイコンタクトが適切でわかりやすい。

	S	A	B	C
内容	1～4すべての要素に加え，作者独自の工夫がされている。	1～4すべての要素が含まれている。	1～4のうち，3つしか要素が含まれていない。	1～4のうち，2つまでしか要素が含まれていない。
表現				

---

❷子どもたちのふりかえり

　今回の「クリエイティブ・ライティング」の活動に参加した生徒からは，次のようなふりかえりのことばが寄せられました。

・パソコンで文字を打っている時に，自分でツッコミを入れたり，何度も読み返したり，友だちに読んでもらうなどして，「客観的に見てこの物語はどう思われるのか」「内容は読者に伝わるのか」を自分で試行錯誤して物語づくりを進めることができました（図6）。また，プリントで他の人の物語を読んで，「同じ日本語に対して，自分とはちがうこんな表現もあるのか」と気づかされることがありました。一つの内容に対して複数の表現を考えられるように，表現の幅を広げたいと思いました。

・英語で文章を書くとなると，意外と自分が知らなかったり，即答できなかったりする単語がたくさんあることに

【図6　物語を書く生徒たち】

気づきました。実際に書いてみるまではそのようなことに気づかず，書いてみて初めてわかったのは発見でした。また，中間発表の時点では，エンディングを面白くしようとし過ぎて，話のつながりがわかりにくくなってしまいました。日本語でなら多少複雑でもなんとか相手に伝わるのですが，英語で表現するとなると，簡潔な文章を心がけなければ伝わりにくいことにも気づきました。このクリエイティブ・ライティングの活動を通して，自分の英語でできる部分とできない部分がはっきりわかり，今後の英語学習に役立てていきたいと思いました。

今回の活動で，物語を読み解いて自分の意見を述べる活動を重ね，さらに自分でも物語を書く活動を行ったことで，生徒の多くが物語を構成する一文一文に丁寧に目を向け，作者のメッセージに注意を向けるようになった様子が見られました。それはたとえば，生徒のふりかえりの中にある，他の生徒が書いた物語の内容に触れた次のような感想に表れています。

・"Daily Mission（注：生徒が書いた物語のタイトル）"の中にあった"You can restart again and again."という一文は，苦手なことを避けてしまう自分に「何度失敗してもあきらめるな」と作者が語っているように感じました。

❸教師のふりかえり

今回クリエイティブ・ライティングの活動を実施してみて最も強く感じたのは，この活動が生徒の深い思考を促すことでした。アイデアをまとめている時や，執筆の際に一言も話さずそれぞれに頭を悩ませ，一心不乱に書き続けている姿からは，目標設定や中間発表の時のように活発に意見を交わしてはいなくとも，生徒たちが一生懸命自分自身と対話する様子が見て取れました。そのような思考の深まりは，最初の目標設定で書いた付せんやアイデア作りのプランニングシート，第一稿・第二稿と，生徒の作成物を記録しておき，その変化を見取ることで詳しく知ることができました。

最終的に作成した作品集の冊子はPDF化してこの授業に参加した生徒全員に配付し，また，校内の全教員にも配付しました。一部完成までたどり着かない生徒もいたために，今回は校内で配付するところまでで終了しましたが，最初に目標の一つに挙げていた，インターネット上での発表までできれば，さらに生徒の達成感を上げることができたのではないかと思います。次に同様の活動を行う際には，ぜひそこまで実現したいと考えています。

（作間偉也・授業協力：David Michael Towery）

【編著者紹介】

稲垣　忠（いながき　ただし）
東北学院大学文学部教育学科・教授　博士（情報学）
■職歴
東北学院大学教養学部講師を経て，2018年より現職。
■外部委員など
文部科学省「教育の情報化に関する手引」委員，同「デジタル教科書の効果・影響等に関する実証研究」委員，同「ICT活用教育アドバイザー」，経済産業省「未来の教室実証事業」教育コーチ等
■著書
・稲垣忠編著（2020）『探究する学びをデザインする！情報活用型プロジェクト学習ガイドブック』，明治図書出版など

【執筆者紹介】（執筆順，所属先は執筆当時）
稲垣　　忠　　東北学院大学文学部教育学科教授
北村　佳代　　京都府亀岡市立東別院小学校
黒見真由美　　鳥取県江府町立江府小学校
鈴木　裕介　　東京都世田谷区立用賀小学校
金　　洋太　　宮城県登米市立佐沼小学校
葛城　貴代　　東京都荒川区立第一日暮里小学校
辻　　未弓　　北海道仁木町立仁木中学校
齋藤　啓代　　北海道仁木町立仁木中学校
金森　千春　　芝浦工業大学附属中学高等学校
齋藤　　純　　宮城県仙台市立広瀬中学校
矢﨑　ひさ　　宮城県栗原市立栗駒中学校
高田　　誠　　岡山大学教育学部附属中学校
木村　浩之　　宮城県東松島市立鳴瀬未来中学校
三浦　佳奈　　山崎学園富士見中学校高等学校
宗　　愛子　　山崎学園富士見中学校高等学校
丹羽　　祥　　和洋国府台女子中学校高等学校
水田　直樹　　高知県立窪川高等学校
小川　　唯　　宮城県気仙沼高等学校
作間　偉也　　宮城県仙台向山高等学校

探究する学びをステップアップ！
情報活用型プロジェクト学習ガイドブック2.0

2022年9月初版第1刷刊　　©編著者　稲　垣　　　忠
2024年1月初版第2刷刊　　発行者　藤　原　光　政
　　　　　　　　　　　　　発行所　明治図書出版株式会社
　　　　　　　　　　　　　　http://www.meijitosho.co.jp
　　　　　　　　　　　　　（企画）木山麻衣子（校正）有海有理
　　　　　　　　　　　　　〒114-0023　東京都北区滝野川7-46-1
　　　　　　　　　　　　　振替00160-5-151318　電話03(5907)6702
　　　　　　　　　　　　　ご注文窓口　電話03(5907)6668
＊検印省略　　　　　　　組版所　藤　原　印　刷　株　式　会　社

Printed in Japan　　　　ISBN978-4-18-324227-3
もれなくクーポンがもらえる！読者アンケートはこちらから →